プリント形式のリアル過去問で本番の臨場感！

山口県

野田学園中学校

2025年春受験用

解答集

本書は，実物をなるべくそのままに，プリント形式で年度ごとに収録しています。
問題用紙を教科別に分けて使うことができるので，本番さながらの演習ができます。

■ 収録内容

・解答集(この冊子です)

書籍ＩＤ番号，この問題集の使い方，最新年度実物データ，リアル過去問の活用，
解答例と解説，ご使用にあたってのお願い・ご注意，お問い合わせ

・2024(令和６)年度 ～ 2021(令和３)年度　学力検査問題

○は収録あり　年度	'24	'23	'22	'21		
■ 問題(一般入試)※	○	○	○	○		
■ 解答用紙	○	○	○	○		
■ 配点						

算数に解説
があります

※2022年度より一般入試の学力試験が国語・算数・理科・社会から国語・算数・英語となりました(英語リスニングの音声・原稿は非公表)
注)国語問題文非掲載:2022年度の二

問題文の非掲載につきまして

著作権上の都合により，本書に収録している過去入試問題の本文の一部を掲載しておりません。ご不便をおかけし，誠に申し訳ございません。

本文の一部を掲載できなかったことによる国語の演習不足を補うため，論説文および小説文の演習問題のダウンロード付録があります。弊社ウェブサイトから書籍ＩＤ番号を入力してご利用ください。

なお，問題の量，形式，難易度などの傾向が，実際の入試問題と一致しない場合があります。

教英出版

■ 書籍ＩＤ番号

入試に役立つダウンロード付録や学校情報などを随時更新して掲載しています。
教英出版ウェブサイトの「ご購入者様のページ」画面で，書籍ＩＤ番号を入力してご利用ください。

書籍ＩＤ番号　102435

（有効期限：2025年9月30日まで）

【入試に役立つダウンロード付録】
「要点のまとめ(国語／算数)」
「課題作文演習」ほか

■ この問題集の使い方

年度ごとにプリント形式で収録しています。針を外して教科ごとに分けて使用します。①片側，②中央のどちらかでとじてありますので，下図を参考に，問題用紙と解答用紙に分けて準備をしましょう（解答用紙がない場合もあります）。

針を外すときは，けがをしないように十分注意してください。また，針を外すと紛失しやすくなりますので気をつけましょう。

① 片側でとじてあるもの

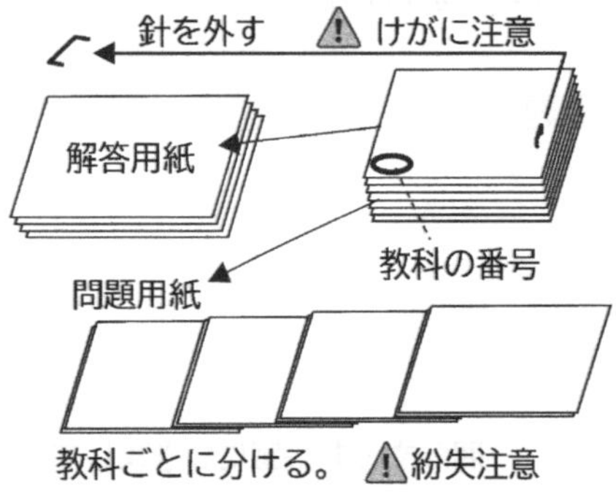

② 中央でとじてあるもの

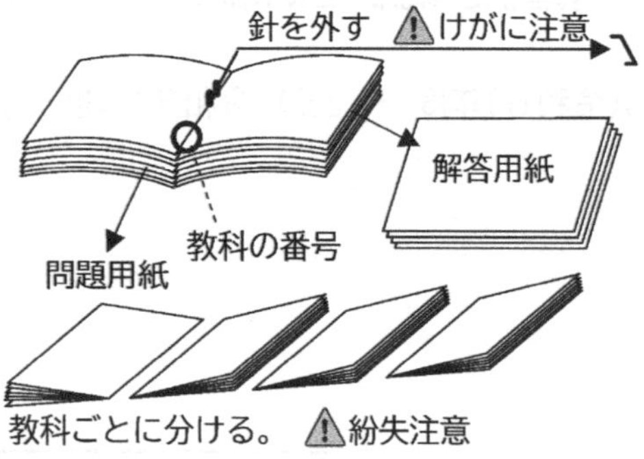

※教科数が上図と異なる場合があります。
解答用紙がない場合や，問題と一体になっている場合があります。
教科の番号は，教科ごとに分けるときの参考にしてください。

■ 最新年度 実物データ

実物をなるべくそのままに編集していますが，収録の都合上，実際の試験問題とは異なる場合があります。実物のサイズ，様式は右表で確認してください。

問題用紙	Ａ４冊子(二つ折り)
解答用紙	Ａ３片面プリント 英：Ａ４片面プリント

リアル過去問の活用

～リアル過去問なら入試本番で力を発揮することができる～

本番を体験しよう！

問題用紙の形式（縦向き / 横向き），問題の配置や余白など，実物に近い紙面構成なので本番の臨場感が味わえます。まずはパラパラとめくって眺めてみてください。「これが志望校の入試問題なんだ！」と思えば入試に向けて気持ちが高まることでしょう。

入試を知ろう！

同じ教科の過去数年分の問題紙面を並べて，見比べてみましょう。

① 問題の量

毎年同じ大問数か，年によって違うのか，また全体の問題量はどのくらいか知っておきましょう。どのくらいのスピードで解けば時間内に終わるのか，大問ひとつにかけられる時間を計算してみましょう。

② 出題分野

よく出題されている分野とそうでない分野を見つけましょう。同じような問題が過去にも出題されていることに気がつくはずです。

③ 出題順序

得意な分野が毎年同じ大問番号で出題されていると分かれば，本番で取りこぼさないように先回りして解答することができるでしょう。

④ 解答方法

記述式か選択式か（マークシートか），見ておきましょう。記述式なら，単位まで書く必要があるかどうか，文字数はどのくらいかなど，細かいところまでチェックしておきましょう。計算過程を書く必要があるかどうかも重要です。

⑤ 問題の難易度

必ず正解したい基本問題，条件や指示の読み間違いといったケアレスミスに気をつけたい問題，後回しにしたほうがいい問題などをチェックしておきましょう。

問題を解こう！

志望校の入試傾向をつかんだら，問題を何度も解いていきましょう。ほかにも問題文の独特な言いまわしや，その学校独自の答え方を発見できることもあるでしょう。オリンピックや環境問題など，話題になった出来事を毎年出題する学校だと分かれば，日頃のニュースの見かたも変わってきます。

こうして志望校の入試傾向を知り対策を立てることこそが，過去問を解く最大の理由なのです。

実力を知ろう！

過去問を解くにあたって，得点はそれほど重要ではありません。大切なのは，志望校の過去問演習を通して，苦手な教科，苦手な分野を知ることです。苦手な教科，分野が分かったら，教科書や参考書に戻って重点的に学習する時間をつくりましょう。今の自分の実力を知れば，入試本番までの勉強の道すじが見えてきます。

試験に慣れよう！

入試では時間配分も重要です。本番で時間が足りなくなってあわてないように，リアル過去問で実戦演習をして，時間配分や出題パターンに慣れておきましょう。教科ごとに気持ちを切り替える練習もしておきましょう。

心を整えよう！

入試は誰でも緊張するものです。入試前日になったら，演習をやり尽くしたリアル過去問の表紙を眺めてみましょう。問題の内容を見る必要はもうありません。どんな形式だったかな？受験番号や氏名はどこに書くのかな？…ほんの少し見ておくだけでも，志望校の入試に向けて心の準備が整うことでしょう。

そして入試本番では，見慣れた問題紙面が緊張した心を落ち着かせてくれるはずです。

※まれに入試形式を変更する学校もありますが，条件はほかの受験生も同じです。心を整えてあせらずに問題に取りかかりましょう。

2024 解答例
令和６年度

野田学園中学校

《国　語》

一　問一．激しい雷雨となる　問二．トシちゃん　問三．そりゃそうだよね〔別解〕バス……遅いね
問四．でも、田舎　問五．ウ　問六．エ　問七．二人とも甘いものが大好きだが、おばあちゃんは和菓子が好きで、お母さんは洋菓子が好きなように、似ているところはあっても、細かいところで違いがあること。
問八．母のいる家に帰ることにした。　問九．Ⅰ．洋菓子が好き　Ⅱ．仲直り

二　問一．日本語は五十音図があれば書き表せる　問二．A．ウ　B．エ　C．ア　D．オ　問三．日本にはない外国語の音や方言の音を、五十音図の音だけで表す不自然さを気にしなくなったということ。　問四．イ
問五．Ⅰ．東北出身の人　Ⅱ．自由な発想　問六．仏教経典を読むため。

三　⑴建　⑵展覧　⑶意外　⑷看板　⑸投票　⑹換気　⑺指揮　⑻蒸発　⑼調節
⑽講義　⑾けわ　⑿こ　⒀るす　⒁あやつ　⒂こころ

四　⑴イ　⑵エ　⑶ア　⑷カ　⑸キ

五　⑴イ　⑵エ　⑶イ

《算　数》

1　⑴16　⑵31　⑶1　⑷$\frac{1}{7}$　⑸1　⑹2.5　⑺1時間12分
⑻2　⑼4.56　⑽32.71

2　⑴ア．288　イ．25　ウ．78　⑵70

3　⑴正三角形　⑵右図　⑶ア．216　イ．9　ウ．6　エ．3

4　[1]⑴12　⑵8　⑶6　⑷12　[2]⑴2　⑵$1\frac{2}{3}$

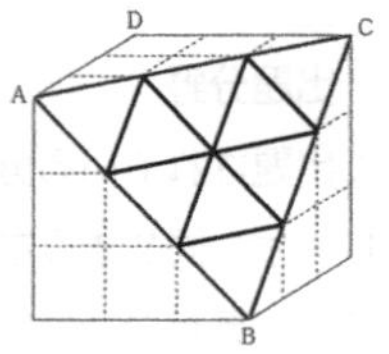

《英　語》

1～3　放送原稿《げんこう》非公表のため，解答例は掲載《けいさい》しておりません。

4　⑴m　⑵r　⑶y　⑷ch

5　⑴海の中　⑵体の色を変えること　⑶3　⑷octopus

2024 算数解説 令和６年度 ▶ 野田学園中学校

1 (1) 与式＝25－９＝**16**

(2) 与式＝36＋４－９＝40－９＝**31**

(3) 与式＝４÷(3.2－1.2)－１＝４÷２－１＝２－１＝**1**

(4) 与式＝$(\frac{2}{2}-\frac{1}{2})\times(\frac{3}{3}-\frac{1}{3})\times(\frac{4}{4}-\frac{1}{4})\times(\frac{5}{5}-\frac{1}{5})\times(\frac{6}{6}-\frac{1}{6})\times(\frac{7}{7}-\frac{1}{7})=\frac{1}{2}\times\frac{2}{3}\times\frac{3}{4}\times\frac{4}{5}\times\frac{5}{6}\times\frac{6}{7}=\mathbf{\frac{1}{7}}$

(5) 与式＝$\frac{23}{17}\times(\frac{32}{10}-\frac{15}{10})\div(\frac{11}{20}+\frac{35}{20})=\frac{23}{17}\times\frac{17}{10}\div\frac{46}{20}=\frac{23}{10}\times\frac{10}{23}=\mathbf{1}$

(6) 行きにかかった時間は60÷40＝1.5(時間)，帰りにかかった時間は60÷60＝１(時間)だから，往復にかかった時間は1.5＋１＝**2.5**(時間)である。

(7) **【解き方】仕事量の合計を３と２の最小公倍数の６とする。**

Ａさんが１時間でする仕事量は６÷３＝２，Ｂさんが１時間でする仕事量は６÷２＝３だから，ＡさんとＢさんが１時間でする仕事量は２＋３＝５となる。よって，６÷５＝$1\frac{1}{5}$(時間)→１時間$(60\times\frac{1}{5})$分＝**１時間12分**かかる。

(8) ３つの箱をそれぞれ🄰，🄱，🄲，３つのボールをそれぞれⒶ，Ⓑ，Ⓒとする。このとき，箱とボールの文字がすべて異なる入れ方は，(🄰，🄱，🄲)＝(Ⓑ，Ⓒ，Ⓐ)(Ⓒ，Ⓐ，Ⓑ)の**２**通りある。

(9) **【解き方】右図の矢印のように，色つき部分を移動させる。**

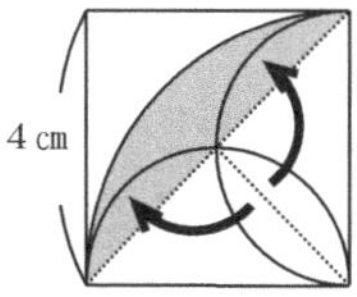

求める面積は，半径４cm，中心角90°のおうぎ形の面積から，直角をつくる２辺の長さが４cmの直角二等辺三角形の面積を引いた値だから，$4\times4\times3.14\times\frac{90°}{360°}-4\times4\div2=$
$12.56-8=\mathbf{4.56}$(㎠)

(10) **【解き方】円板が通ってできる図形は右図のようになる。**

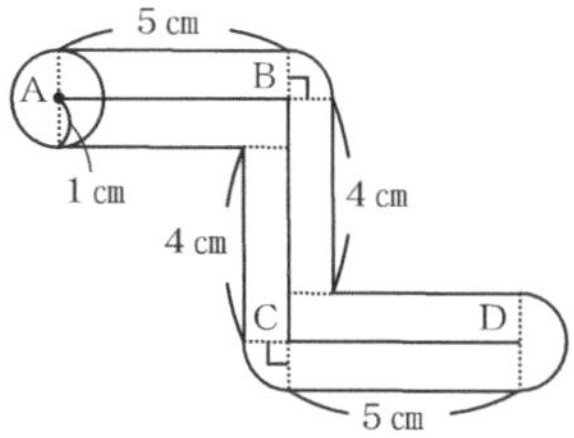

求める面積は，半径１cmの半円の面積２個分，つまり半径１cmの円の面積１個分と，半径１cm，中心角90°のおうぎ形の面積２個分，つまり半径１cmの半円の面積１個分と，縦が２cm，横が５cmの長方形の面積２個分と，縦が４cm，横が１cmの長方形の面積２個分の和(下線部分の和)である。

よって，$1\times1\times3.14+1\times1\times3.14\times\frac{1}{2}+2\times5\times2+4\times1\times2=\frac{3}{2}\times3.14+28=\mathbf{32.71}$(㎠)となる。

2 (1) スポーツが「好き」と答えた人は全体の48％だから，600×0.48＝**288**(人)である。好きなスポーツを「バドミントン」と答えた人は72人だから，スポーツが「好き」と答えた人の$\frac{72}{288}\times100=\mathbf{25}$(％)が選んだ。

上位５つ以外を選んだ人は，288－(72＋52＋35＋28＋23)＝288－210＝**78**(人)である。

(2) **【解き方】アンケートの対象人数は中学生と高校生で等しく600人だから，スポーツが「好き」と答えた人の割合の比は，その人数の比と等しく４：５である。**

高校生でスポーツが「好き」と答えた人の割合は，$48\times\frac{5}{4}=60$(％)，「見るのは好き」と答えた人の割合は，$\frac{60}{600}\times100=10$(％)だから，求める割合は60＋10＝**70**(％)である。

3 (1) ＡＢ，ＢＣ，ＣＡはいずれも１辺の長さが２×３＝６(cm)の正方形の対角線だから，長さが等しい。

よって，三角形ＡＢＣは**正三角形**である。

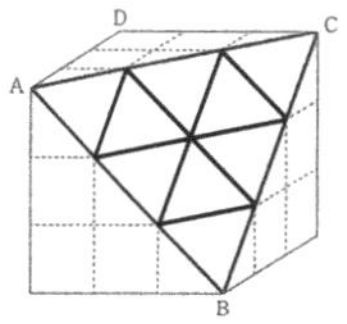

(2) 切り口に出てくる線は，右図のように，１辺の長さが２cmの立方体どうしが接する面にそってできる。

(3) 積み重ねてできる立体は１辺の長さが６cmの立方体だから，体積は６×６×６＝**216**(㎤)

断面には，１辺の長さが２cmの正方形の対角線の長さと等しい正三角形が９個現れる。頂点Ｄをふくむ立体のうち，一部を切り取られた立方体は，この正三角形の個数と等しいから**9**個である。この９個のブロックのうち，体積が大きい方の断面は下向きの正三角形になるから**6**個，体積が小さい方の断面は上向きの正三角形になるから**3**個である。

4　[１]　**【解き方】面積が１㎠の正六角形は，３本の対角線によって，６個の合同な正三角形（面積が$\frac{1}{6}$㎠）に分けられる。**
３つの頂点を結んでできる三角形は，右の図１，図２，図３の色つき部分のいずれかと合同な三角形である。

図１

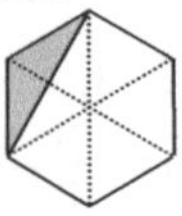

図２

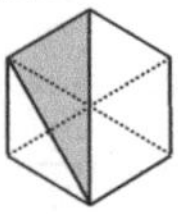

図３

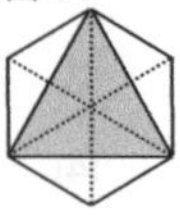

⑴　正六角形の１つの内角の大きさは，$\frac{180^\circ \times (6-2)}{6} = 120^\circ$ である。
図１，図３の三角形は明らかに直角三角形ではないから，図２の三角形について考える。
図４で，三角形ＢＣＤは二等辺三角形であり，角ＢＣＤ＝120°だから，内角の和より，
角ＤＢＣ＝(180°－120°)÷２＝30°である。よって，角ＡＢＤ＝120°－30°＝90°となり，
三角形ＡＢＤは直角三角形である。ＡＢを１辺に持つ直角三角形は，残りの頂点をＣ，Ｄとしたときにつくることができるから，他の辺についても同様に考えて，６×２＝**12**(個)つくれる。

図４

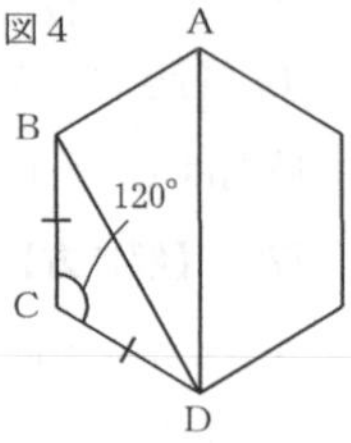

⑵　二等辺三角形または正三角形となるのは，図１または図３の三角形である。図１の三角形は正六角形の１つの頂点に対して１個つくれるから，全部で１×６＝６(個)つくれる。図３の正三角形は，三角形ＡＣＥ，三角形ＢＤＦの２個つくれる。よって，全部で６＋２＝**8**(個)つくれる。
⑶　面積が$\frac{1}{6}$㎠となる三角形は，正六角形を６個に分けてできる正三角形の面積と等しい。よって，図１の三角形だから，⑵より，全部で**6**個つくれる。
⑷　$\frac{1}{3} = \frac{1}{6} \times 2$より，面積が$\frac{1}{3}$㎠となる三角形は，正六角形を６個に分けてできる正三角形の面積２個分である。よって，図２の三角形だから，⑴より，**12**個つくれる。

[２]⑴　**【解き方】[１]と同様に，正六角形を６個の正三角形に分けて考える。**
三角形ＡＥＩの面積は，図５のようになり，正六角形の面積３個分から，図１の三角形の面積６個分を引いた値である。よって，$1 \times 3 - \frac{1}{6} \times 6 =$ **2**(㎠)

図５

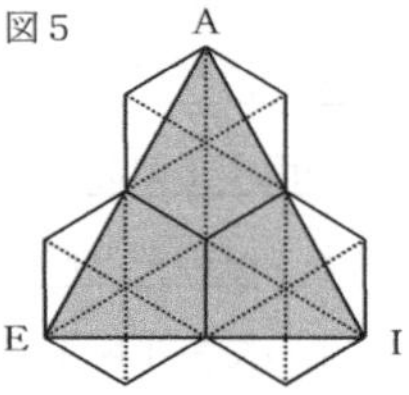

⑵　**【解き方】図６の矢印のように面積を移動する。また，ＡＧとＫＨは平行だから，三角形ＡＧＨと三角形ＡＧＫで底辺をＡＧとしたときの高さが等しいので，面積も等しい。これらのことをふまえ，色つき部分の面積を求めればよい。**
求める面積は，正六角形の面積３個分から，図１の三角形の面積３個分と，五角形ＫＧＨＩＪの面積を引いた値である。
よって，$1 \times 3 - \frac{1}{6} \times 3 - (1 - \frac{1}{6}) = \frac{5}{3} =$ **$1\frac{2}{3}$**(㎠)

図６

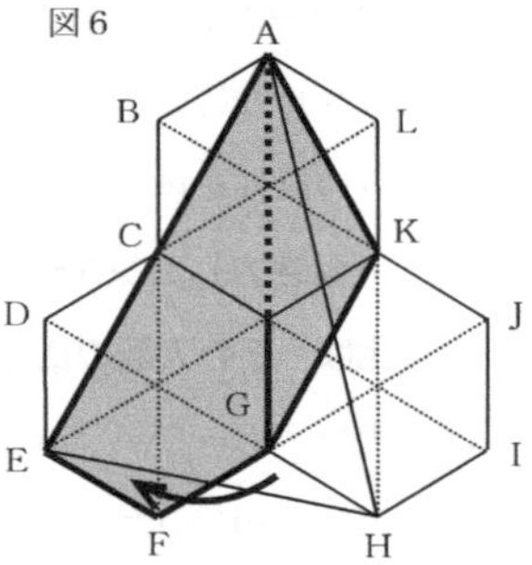

野田学園中学校

《国　語》

一 問一．クラス担任の先生〔別解〕駅伝への参加を頼んだ先生　問二．エ　問三．ムードメーカーとして周りを陽気にするのが自分の特技だと思っているから。　問四．テントの中　問五．平安時代の人　問六．厄介な生徒　問七．A．渡部　B．お坊ちゃん　C．嫌味っぽく　問八．イ

二 問一．イ　問二．ア　問三．情景　問四．高く澄んだ音を聴くと、天上界をイメージし、重く沈んだ低周波の音を聴くと、不安や恐怖を感じること。　問五．音楽による情動操作　問六．エ

三 (1)関心　(2)予期　(3)拾　(4)連　(5)不意　(6)真相　(7)功績　(8)芽　(9)分布　(10)有無　(11)くちょう　(12)こがい　(13)うやま　(14)きざ　(15)ふぜい

四 (1)イ　(2)オ　(3)ウ　(4)エ　(5)ウ

五 (1)カ　(2)エ　(3)イ　(4)ア　(5)オ　(6)ウ

《算　数》

1 (1)33　(2)50　(3)$\frac{23}{45}$　(4)$\frac{17}{20}$　(5)11　(6)450　(7)195　(8)100.48　(9)56　(10)イ，オ

2 ア．9　イ．3　ウ．27　エ．9　オ．9　カ．81　キ．12　ク．39

3 (1)ア．40　イ．4　ウ．2　エ．13　オ．3　(2)13

4 (1)ア．2　イ．2　ウ．5　エ．4　オ．5　カ．14　(2)三角形ＣＤＦ，三角形ＣＤＡ，三角形ＣＤＢ　(3)42

《英　語》

1～3 放送原稿非公表のため，解答例は掲載しておりません。

4 (1)p　(2)b　(3)n　(4)v

5 (1)修学旅行　(2)シカを見ること。　(3)5，9　(4)It's in Yamaguchi.

2023 算数解説 ▶野田学園中学校
令和５年度

1 ⑴ 与式＝12＋39－18＝**33**

⑵ 与式＝23＋27＝**50**

⑶ 与式＝$\frac{11}{15}-(\frac{3}{12}+\frac{10}{12})\times\frac{8}{39}=\frac{11}{15}-\frac{13}{12}\times\frac{8}{39}=\frac{11}{15}-\frac{2}{9}=\frac{33}{45}-\frac{10}{45}=\mathbf{\frac{23}{45}}$

⑷ 与式＝$\frac{4}{5}\times\frac{45}{16}\times\frac{8}{15}-\frac{35}{100}=\frac{6}{5}-\frac{7}{20}=\frac{24}{20}-\frac{7}{20}=\mathbf{\frac{17}{20}}$

⑸ 与式より２×35×□－２×15＋２＋492＝1234　70×□－30＋494＝1234　70×□＋494－30＝1234

70×□＋464＝1234　70×□＝1234－464　□＝770÷70＝**11**

⑹ **【解き方】20％引きした値段は，もとの値段の１－$\frac{20}{100}=\frac{4}{5}$(倍)である。**

ショートケーキ５個の値引き前の値段は，1800÷$\frac{4}{5}$＝2250(円)だから，ショートケーキ１個の値段は，

2250÷５＝**450**(円)

⑺ ３時間54分＝$3\frac{54}{60}$時間＝$3\frac{9}{10}$時間＝$\frac{39}{10}$時間だから，50×$\frac{39}{10}$＝**195**(km)

⑻ **【解き方】色をぬった部分のうち直径４×２＝８(cm)の半円の部分は，白い部分に同じ半円があるので，そこに移動することができる。**

半径８cmの半円の面積を求めればよいから，８×８×3.14×$\frac{1}{2}$＝32×3.14＝**100.48**(cm²)

⑼ **【解き方】右図の丸で囲んだ面を底面とする，高さが４cmの角柱の体積を求める。**

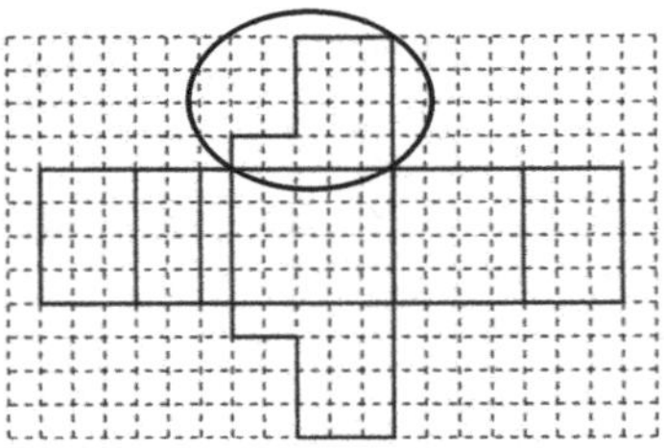

底面は正方形のマス14個からできているから，面積は14cm²である。

よって，求める体積は，14×４＝**56**(cm³)

⑽ ア．先週と今週の冊数の合計は，木曜日が７＋９＝16(冊)，金曜日が４＋６＝10(冊)だから，金曜日の方が少ないので，正しくない。

イ．今週貸し出された冊数の合計は，２＋８＋12＋９＋６＋13＝50(冊)で，その20％は50×$\frac{20}{100}$＝10(冊)だから，正しい。

ウ．先週貸し出された冊数の合計は10＋８＋10＋７＋４＋９＝48(冊)で，今週の方が50－48＝２(冊)多いから，正しくない。

エ．この表からはだれが借りたかまでは読み取れない。

オ．水曜日から金曜日までの，１日あたりの貸し出された冊数の平均は，先週が(10＋７＋４)÷３＝７(冊)，今週が(12＋９＋６)÷３＝９(冊)だから，正しい。

2 じゃんけんをするとき，１人の手の出し方はグー，チョキ，パーの３通りある。

したがって，AとBの２人でじゃんけんするとき，手の出し方は全部で，３×３＝**9**(通り)ある。そのうちAが勝つのは，図①の○印の**3**通り，Bが勝つのは×印の３通り，「あいこ」は△印の３通りある。

図①

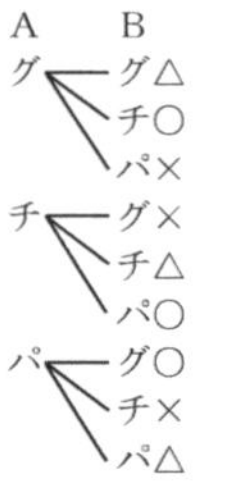

※グー，チョキ，パーをそれぞれグ，チ，パと表している。

A，B，Cの３人でじゃんけんするとき，手の出し方は全部で，３×３×３＝**27**(通り)ある。Aが「１人勝ち」となるときのAの手はグー，チョキ，パーの３通りあるから，Aが「１人勝ち」となるのは３通りある。B，Cも３通りずつあるから，だれかが「１人勝ち」となる手の出し方は，３×３＝**9**(通り)ある。

「２人勝ち」となる手の出し方も９通りだから，「あいこ」になる出し方は，

27－9－9＝**9**(通り)ある。

A，B，C，Dの4人でじゃんけんするとき，手の出し方は全部で，3×3×3×3＝**81**(通り)ある。

「1人勝ち」となる手の出し方は，4人それぞれが3通りなので，3×4＝**12**(通り)ある。

AとBが「2人勝ち」となる出し方は3通りあり，勝つ2人の選び方は，図②のように6通りある。したがって，「2人勝ち」となる出し方は3×6＝18(通り)ある。

図②

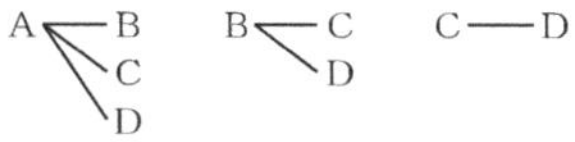

「3人勝ち」となる出し方は「1人勝ち」と同じく12通りだから，「あいこ」となる出し方は，81－12×2－18＝**39**(通り)ある。

3 (1)　1周目に追加するたたみは4枚，2周目に追加するたたみは4×2＝8(枚)，3周目に追加するたたみは4×3＝12(枚)，4周目に追加するたたみは4×4＝16(枚)だから，4周目を付け加えたとき，長方形のたたみは全部で，4＋8＋12＋16＝**40**(枚)ある。1周増えるごとに付け加える長方形のたたみの枚数は**4**枚増えている。長方形のたたみは100枚あるので，100枚をこえない最大の正方形を考えると，40＋20＋24＝84(枚)，84＋28＝112(枚)だから，6周目まで付け加えることができる。1周ごとに正方形の縦と横の長さは**2**m増えているので，6周目まで付け加えたとき，縦と横の長さが1＋2×6＝**13**(m)の正方形となる。

図4の部屋の面積は偶数だから，正方形のたたみは使わない。この部屋に長方形のたたみをしく方法は，右図の**3**通りある。

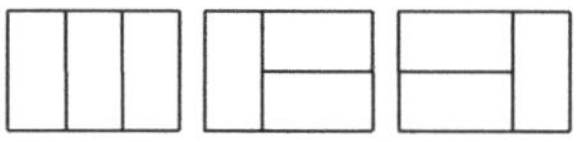

(2)　**【解き方】花子さんの最後の言葉をヒントにする。図5の部屋は右の図①のように図4と同じ大きさの㋐と㋑の部分に分けることができる。㋐と㋑の境界線にたたみがかからない場合とかかる場合に分けて考える。**

図①

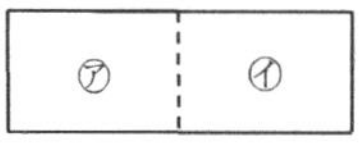

㋐と㋑の境界線にたたみがかからない場合，㋐と㋑のしく方法はそれぞれ3通り(図4と同じ)だから，部屋全体でのしく方法は，3×3＝9(通り)ある。

図②

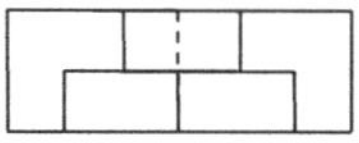

㋐と㋑の境界線にたたみが1枚かかる場合，図②のようになる。まだたたみをしいていない部分にしくことができないから，この場合のしく方法はない。

図③

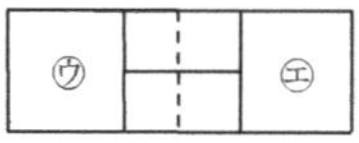

㋐と㋑の境界線にたたみが2枚かかる場合，図③のようになる。㋒と㋓のしく方法はそれぞれ2通り(縦に2枚並べる場合と横に2枚並べる場合)だから，部屋全体でのしく方法は，2×2＝4(通り)ある。

よって，図5に長方形のたたみをしく方法は全部で，9＋4＝**13**(通り)

4 (1)(2)　正五角形ABCDEを3個の三角形に分ける方法については，次のようになる。

図2の三角形CDEを含む場合，残り1本の対角線はACかBEだから**2**通りある。図4の三角形CDBを含む場合も同様に**2**通りある。図3の三角形CDAを含む場合，図3の分け方の1通りである。

よって，正五角形ABCDEを分ける方法は全部で，2＋2＋1＝**5**(通り)

正六角形ABCDEFを4個の三角形に分ける方法については，次のようになる。

辺CDを含む三角形は，三角形CDE，**三角形CDF**，**三角形CDA**，**三角形CDB**の**4**通りある。

三角形CDEを含む場合，残った部分は五角形ABCEFで，五角形を3個の三角形に分ける方法は5通りあるから，この場合の分ける方法は**5**通りある。三角形CDBを含む場合も同様に5通りある。

三角形CDFを含む場合，残った部分は四角形ABCFと三角形DEFで，四角形を2個の三角形に分ける方法は2通りあるから，この場合の分ける方法は2通りある。三角形CDAを含む場合も同様に2通りある。

よって，正六角形ABCDEFを分ける方法は全部で，5＋2＋2＋5＝**14**(通り)

⑶　**【解き方】これまでと同様に，まず辺ＣＤを含む三角形が何通りあるかを考え，その三角形によって場合分けをする。**

図①

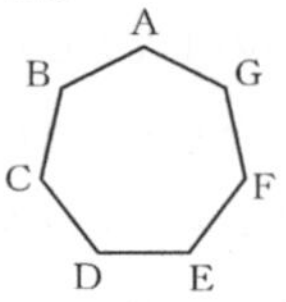

図②

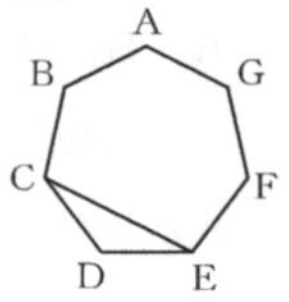

図③

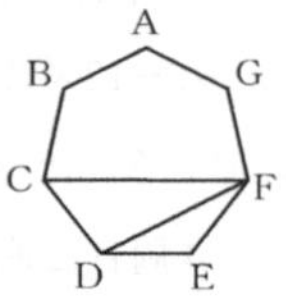

図④

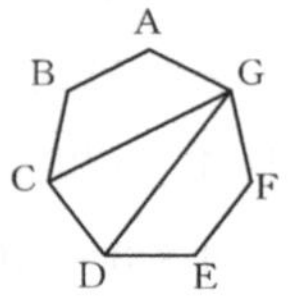

正七角形ＡＢＣＤＥＦＧは図①のようになり，辺ＣＤを含む三角形は，三角形ＣＤＥ，ＣＤＦ，ＣＤＧ，ＣＤＡ，ＣＤＢの５通りある。

三角形ＣＤＥを含む場合，図②のようになり，残った部分は六角形になるから，分ける方法は14通りある。三角形ＣＤＢを含む場合も同様である。

三角形ＣＤＦを含む場合，図③のようになり，残った部分は五角形と三角形になるから，分ける方法は５通りある。三角形ＣＤＡを含む場合も同様である。

三角形ＣＤＧを含む場合，図④のようになり，残った部分は四角形が２つとなる。四角形ＡＢＣＧの分ける方法が２通りで，その１通りごとに四角形ＥＦＧＤを分ける方法が２通りあるから，この場合の分ける方法は２×２＝４(通り)ある。

以上より，正七角形ＡＢＣＤＥＦＧを５個の三角形に分ける方法は全部で，(14＋５)×２＋４＝**42**(通り)

2022 解答例 令和4年度 ★野田学園中学校

《国　語》

一 問一．まします　問二．笑いをこらえることを許さない　問三．吹き出す　問四．郵便ポスト／赤いクレヨン　問五．A．叫んだ　B．大きな　問六．目が大きくて、眉毛が濃い　問七．お得意の
問八．いつもはだれも逆らうことのできないユカちゃんが、ウメ子にしてやられた　問九．ウ

二 問一．キラー・ロボットを実用化　問二．差別発言をくりかえす　問三．一部の困ったユーザーたちが、Ｔａｙに偏った知識や意見を教え込んだこと。　問四．ア　問五．ウ　問六．人間が裏でロボットを操って、悪いことをさせているということ。

三 (1)綿毛　(2)訓練　(3)預　(4)済　(5)入居　(6)親善　(7)浴室　(8)周遊　(9)恩　(10)笛
(11)さっぷうけい　(12)いちがん　(13)みなもと　(14)なか　(15)かっこう

四 (1)エ　(2)ウ　(3)オ

五 一文目…考えることは、言葉で行う行為であり、それを支えているのは言葉の豊富さである。　二文目…いろいろな言葉、特に書き言葉を知っていることによって、感情や思考が複雑で緻密なものになる。　三文目…言葉をたくさん知るためには、読書は最良の方法である。

《算　数》

1 (1)19　(2)2　(3)$\frac{1}{3}$　(4)0　(5)10　(6)14　(7)4　(8)30　(9)56　(10)ア，オ

2 (1)60　(2)110　(3)①6　②7

3 (1)ア．40　イ．88　ウ．21　エ．7　オ．184　カ．648　(2)1：1

4 (1)ア．1　イ．2　ウ．5050　エ．10　オ．10　カ．100　キ．8　ク．5　ケ．35　コ．220
(2)X．$\{100\times(100+1)\}\div 2$
Y．$1\times10+2\times9+3\times8+4\times7+5\times6+6\times5+7\times4+8\times3+9\times2+10\times1$
(3)△(5)をひっくり返して△(4)に合わせると右図のようになり，
□(5)と同じように横に5個の小石が5列並ぶから。
(4)S(4)×2＋△(5)

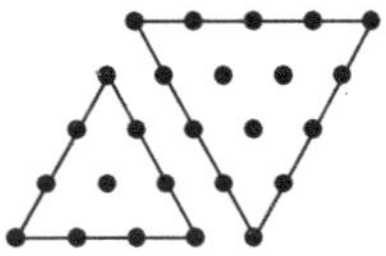

《英　語》

1～3 リスニング問題省略

4 (1)b　(2)s　(3)l　(4)h

5 (1)たくさんの寺　(2)お好み焼き　(3)美しい城　(4)桜の花

1 ⑴ 与式＝25－16＋10＝9＋10＝19

⑵ 与式＝36－34＝2

⑶ 与式＝$\frac{8}{15}-(\frac{25}{35}-\frac{21}{35})\times\frac{7}{4}=\frac{8}{15}-\frac{4}{35}\times\frac{7}{4}=\frac{8}{15}-\frac{1}{5}=\frac{8}{15}-\frac{3}{15}=\frac{5}{15}=\frac{1}{3}$

⑷ 与式＝$\frac{5}{12}-\frac{3}{4}\times\frac{2}{3}\times\frac{5}{6}=\frac{5}{12}-\frac{5}{12}=0$

⑸ 与式より，(11＋50×□)×2＝2022－1000　11＋50×□＝1022÷2　50×□＝511－11　□＝500÷50＝10

⑹ 男子の人数の2倍は32－4＝28(人)なので，男子の人数は，28÷2＝14(人)

⑺ 1時間30分＝1.5時間だから，求める速さは，時速(6÷1.5)km＝時速4km

⑻ 求める面積は，1辺の長さが8cmの正方形の面積から，色をぬっていない部分の3つの三角形の面積をひけばよいので，8×8－5×(8－4)÷2－4×(8－4)÷2－8×4÷2＝64－10－8－16＝30(cm²)

⑼ 組み立てると，底面が右図の㋐で，高さが4cmの柱体となる。

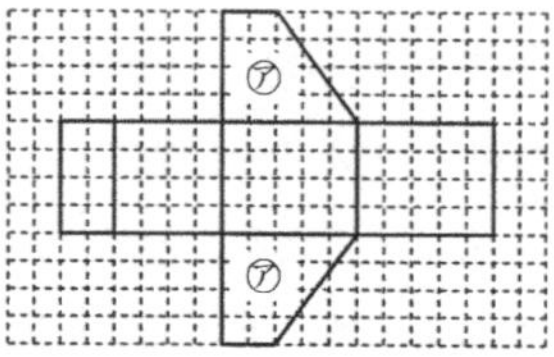

㋐の面積は，(2＋5)×4÷2＝14(cm²)だから，求める体積は，14×4＝56(cm³)

⑽ ア．8点以上得点した人は，算数が3＋1＋2＝6(人)，国語が2＋4＋2＝8(人)だから，正しい。　イ．算数で8点の人は3人いて，全体の人数は1＋1＋2＋3＋1＋2＝10(人)なので，全体の$\frac{3}{10}$×100＝30(%)となるから，正しくない。　ウ．算数の平均点は(5＋6＋7×2＋8×3＋9＋10×2)÷10＝7.8(点)，国語の平均点は(6＋7＋8×2＋9×4＋10×2)÷10＝8.5(点)だから，正しくない。　エ．2つのグラフからそのようなことはわからないので，正しくない。

オ．算数の上位3人の合計得点と国語の上位3人の合計得点は，ともに10×2＋9＝29(点)だから，正しい。

2 ⑴ りょう君は3日で180m²耕すので，求める広さは，180÷3＝60(m²)

⑵ 1日で耕す広さは，こうき君が180÷9＝20(m²)，ひとし君が180÷6＝30(m²)，りょう君が60m²だから，求める広さは，20＋30＋60＝110(m²)

⑶① **【解き方】1日で耕す広さは，こうき君が20×$\frac{3}{6}$＝10(m²)，ひとし君が30×$\frac{2}{6}$＝10(m²)，りょう君が60×$\frac{1}{6}$＝10(m²)となり，3人とも同じである。**

3人は1日で10×3＝30(m²)耕すから，求める日数は，180÷30＝6(日)

② 休んだ分が10×1＋10×2＝30(m²)だから，休まなかった時と比べて，3人でいっしょに耕す日が1日増える。よって，求める日数は，6＋1＝7(日)

3 ⑴ 底面が1辺2cmの正方形で，高さが10cmの四角柱は，底面積が2×2＝4(cm²)だから，体積は4×10＝ア40(cm³)

側面積は，(底面の周の長さ)×(高さ)＝(2×4)×10＝80(cm²)だから，表面積は4×2＋80＝イ88(cm²)

図1のように積み重ねると，階段に必要な四角柱の個数は，1段が1個，2段が1＋2＝3(個)，3段が3＋3＝6(個)，…となるから，6段のときは6＋4＋5＋6＝ウ21(個)となる。四角柱の個数より，6段の階段の体積は2段の階段の体積の21÷3＝エ7(倍)である。

表面積について，面が重なっているところはすべて面積が10×2＝20(cm²)の面で，重なっているところ1か所につき，2つの面が重なっている。2段の階段は四角柱が3個で面が重なっているところが2か所あるから，

表面積は，88×3－20×2×2＝オ184(cm²)

6段の階段は四角柱が21個で面が重なっているところが右図の太線の30か所あるから，

表面積は，88×21－20×30×2＝カ648(cm²)

(2)　四角柱の６段の階段は四角柱が21個あるので，体積は，40×21＝840（㎤）

三角柱の６段の階段の体積は，20×２＋20×４＋20×６＋20×８＋20×10＋20×12＝20×（２＋４＋６＋８＋10＋12）＝20×42＝840（㎤）　　よって，求める体積の比は，840：840＝１：１

4　(1)(2)　図２は５＋１（個）の小石が５行並べられているので，２×△（５）＝５×（５＋ア１）が成り立つ。

これより，△（５）＝｛５×（５＋１）｝÷イ２が成り立つ。

同じように考えると，△(100)＝X｛100×（100＋１）｝÷２＝ウ5050

四角数は，□（１）＝１，□（２）＝４＝２×２，□（３）＝９＝３×３，…となるから，□(10)＝エ10×オ10＝カ100

図４について，１～５段目には各段の一番上の点Ａ～Ｅにそれぞれ１個ずつ小石がある。２～５段目の４段には，一番上の小石の下に２個ずつ小石が並ぶ。３～５段目の３段には，２個ずつ並んだ小石の下に３個ずつ小石が並ぶ。４，５段目の２段には，３個ずつ並んだ小石の下に４個ずつ小石が並ぶ。５段目には，４個並んだ小石の下に５個の小石が並ぶ。よって，Ｓ（５）＝１×５＋２×４＋３×３＋４×２＋５×１＝５＋８＋９＋キ８＋ク５＝ケ35

同じように考えると，

Ｓ(10)＝Y１×10＋２×９＋３×８＋４×７＋５×６＋６×５＋７×４＋８×３＋９×２＋10×１＝コ220

(3)　△（４）＋△（５）を表す図と，□（５）を表す図の小石の個数が同じであることを，図で説明すればよい。

(4)　**【解き方】Ｓ（４）＝△（１）＋△（２）＋△（３）＋△（４）であることを利用する。**

図ｉより，問題の図は□（１）＋□（２）＋□（３）＋□（４）＋□（５）を表す。

図ⅱのようにわけると，問題の図は，

△（１）＋△（２）＋△（３）＋△（４）＋△（１）＋△（２）＋△（３）＋△（４）＋△（５）＝Ｓ（４）＋Ｓ（４）＋△（５）＝Ｓ（４）×２＋△（５）と表せる。

図ｉ

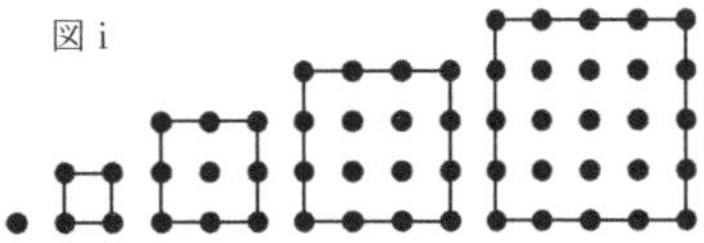

図ⅱ

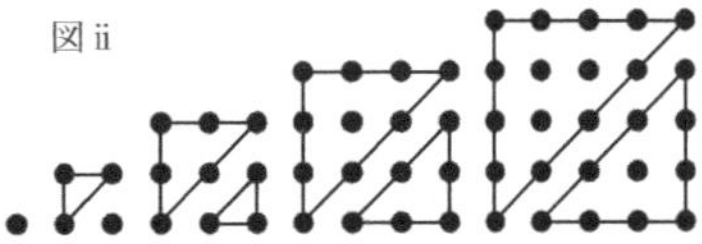

2021 解答例 令和３年度 野田学園中学校

《国　語》

一　問一．千太郎はてっきり　　問二．求人　　問三．粉練りの作業　　問四．どら春で働かせて

問五．A．年齢不問　B．高齢　　問六．［言い方／工夫の説明］［うちは時給が安いんですよ。〔別解〕あの……うち、安いんですよ。／女性が高齢であることではなく、千太郎の店の給料が安いことをやとえない理由としているから。］［お歳を召された方／「年寄り」「老人」と言わずに、ていねいな敬語を使っているから。］のうち1つ　　問七．時給六百円〔別解〕時給が六百円であること。　　問八．小さな

二　問一．エ　　問二．身近な方言が被災した人々の心をいやし、応援するのに役にたったということ。

問三．ウ　　問四．学術的　　問五．各地に存在する多様な「方言」は、一つの国家の象徴である標準語の普及を妨げるものとして位置づけられていたから。　　問六．地域と結びついた生活のことば

三　(1)細心　(2)復旧　(3)規模　(4)招待　(5)幕　(6)仕様　(7)公演　(8)着　(9)負　(10)旗

(11)じきひつ　(12)ふる　(13)けはい　(14)しゅほう　(15)いっし

四　(1)キ　(2)ア　(3)カ　(4)イ　(5)オ

五　(1)鉄棒〔別解〕さかあがり　(2)にじ　(3)赤とんぼ〔別解〕アキアカネ

《算　数》

1　(1)35　(2)0　(3)31.4　(4)$1\frac{1}{4}$　(5)1.5　(6)500　(7)210　(8)70　(9)6　(10)①，②，④

2　(1)40　(2)24　(3)150　(4)1㎡あたりのはるとさんの家の畑のじゃがいもは 1.25 kg。1㎡あたりのゆうとさんの家の畑のじゃがいもは1.11 kg。よって，よくとれたのははるとさんの家の畑。

3　(1)(ア)25　(イ)4　(ウ)12　(エ)440　(オ)5　(カ)40　(2)4×4－2×2　(3)1120

4　(1)ア．2　イ．3　ウ．4　エ．5　オ．15　カ．6　キ．正　ク．6　ケ．5　コ．21

(2)(1，1，6)，(6，1，1)，(1，6，1)　(3)右図

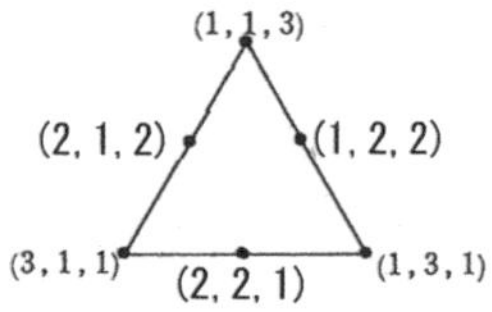

《理　科》

1　(1)a．消化　b．デンプン　(2)ウ，エ，イ　(3)ウ　(4)だ液を入れること以外の条件を同じにして，だ液がはたらいたことを確かめるため。　(5)イ，カ

2　(1)支点…い　力点…あ　作用点…え　(2)ア．120　イ．60　ウ．40　(3)F，H　(4)D，F，H

3　(1)ミョウバン　(2)とけている物質の量…イ　水溶液の濃さ…イ　(3)イ，エ　(4)エ，オ

4　(1)ウ　(2)A　(3)d　(4)イ　(5)①19　②56

《社　会》

1　⑴①アフリカ　②南アメリカ　⑵[国名／記号]　①[カナダ／ア]　②[ニュージーランド／カ]　⑶①冬　②イ

2　⑴①阪神工業地帯…エ　瀬戸内工業地域…イ　②ウ　③労働賃金の安い海外に工場が移転し，働く場所が減ってしまったから。　⑵①ウ　②イ　③黒潮〔別解〕日本海流　④エ

3　⑴A．足利義満　B．徳川家光　⑵エ　⑶①イ　②調　⑷ウ　⑸ウ　⑹ア　⑺①ア　②たくさんの鉄砲を持っているから。　⑻鎖国

4　⑴ア　⑵A．カ　B．イ　⑶ウ　⑷(官営)八幡製鉄所　⑸戦争のために使われた多くの戦費が，国民の大きな負担になったから。　⑹イ

5　⑴A．復興庁　B．条例　⑵ウ　⑶イ，カ　⑷①国事行為　②内閣の助言と承認　⑸25　⑹ユニバーサル

←解答例は前のページにありますので，そちらをご覧ください。

1 (1) 与式＝38－３＝35

(2) 与式＝６－(26－４×５)＝６－(26－20)＝６－６＝０

(3) 与式＝(９＋４－３)×3.14＝10×3.14＝31.4

(4) 与式＝$\frac{1}{6}+\frac{1}{4}\times5-\frac{1}{6}=\frac{5}{4}=1\frac{1}{4}$

(5) 与式＝$(\frac{24}{10}+\frac{3}{5})\div(\frac{26}{10}-\frac{2}{3}\times\frac{9}{10})=(\frac{12}{5}+\frac{3}{5})\div(\frac{13}{5}-\frac{3}{5})=3\div2=1.5$

(6) **【解き方】走るきょりは使用するガソリンの量に比例する。**

ガソリンが$\frac{40}{6}$倍になると，走るきょりも$\frac{40}{6}$倍になる。よって，求めるきょりは，$75\times\frac{40}{6}=500$(km)

(7) １日目は$300\times\frac{50}{100}=150$(ページ)読み，２日目は$(300-150)\times\frac{40}{100}=60$(ページ)読んだ。

よって，２日目までに読んだページは，150＋60＝210(ページ)

(8) **【解き方】三角形の１つの外角は，これととなりあわない２つの内角の和に等しいことを利用する。**

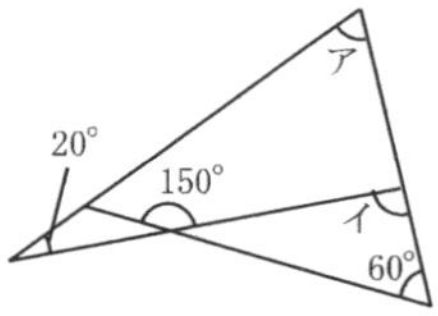

右図のように記号をおく。150°＝イ＋60°より，イ＝150°－60°＝90°

イ＝ア＋20°より，ア＝90°－20°＝70°

(9) **【解き方】右図のように点Ｅをおく。台形ＡＢＣＤと色つきの台形は高さが等しいから，面積比は(上底)＋(下底)の比と等しい。**

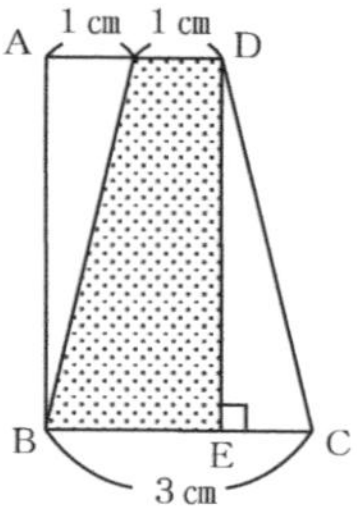

台形ＡＢＣＤにおいて，(上底)＋(下底)＝１＋１＋３＝５(cm)

四角形ＡＢＥＤは長方形だから，ＢＥ＝ＡＤ＝１＋１＝２(cm)

色つきの台形において，(上底)＋(下底)＝１＋２＝３(cm)

よって，台形ＡＢＣＤと色つきの台形の面積比は５：３だから，色つきの台形の面積は，

$10\times\frac{3}{5}=6$(cm²)

(10) ③は，組み立てるときに右図で色をつけた三角形と四角形が重なってしまうから，

三角柱ができない。①，②，④はすべて三角柱ができる。

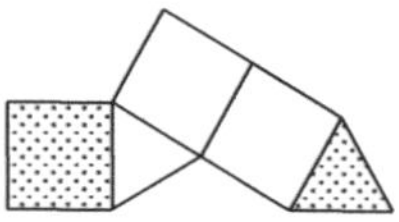

2 (1) $\frac{20}{50}\times100=40$(%)

(2) トマト畑は，20×0.6＝12(m²)だから，全体の，$\frac{12}{50}\times100=24$(%)

(3) 花畑は全体の100－60＝40(%)で，この30%がひまわり畑だから，ひまわり畑は，全体の，$\frac{40}{100}\times\frac{30}{100}=\frac{12}{100}$

よって，畑全体の面積は，$18\div\frac{12}{100}=150$(m²)

(4) **【解き方】それぞれの畑１m²あたりでとれるじゃがいもの量を比べる。**

はるとさんのじゃがいも畑20 m²では25 kgのじゃがいもがとれたから，１m²あたりの量は，25÷20＝1.25(kg)

ゆうたさんのじゃがいも畑$150\times\frac{60}{100}=90$(m²)では100 kgのじゃがいもがとれたから，１m²あたりの量は，

100÷90＝1.11…(kg)　　よって，じゃがいもが多くとれるのは，はるとさんの畑である。

3 (1)(2) ２段目は２×２＝４(個)，３段目は３×３＝９(個)だから，５段目には５×５＝(ア)25(個)ある。

立方体の１辺が２cmだから，１つの面の面積は，２×２＝(イ)４(cm²)である。

２段目の上側の面積は，１辺が２×２＝４(cm)の正方形の面積から，１辺が２cmの正方形の面積を引けばよいから，(X)４×４－２×２＝(ウ)12(cm²)となる。

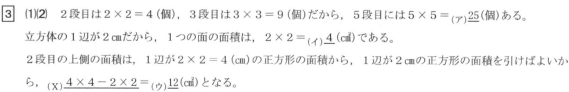

5段目まで積み重ねた立体を真上から見たときに見える面の面積は，5段目だけを取り出して真上から見たときに見える面の面積と等しく，1辺が2cmの正方形の面が5×5＝25(面分)である。真下から見ても同じである。前後左右から見ると，それぞれ，1辺が2cmの正方形が1＋2＋3＋4＋5＝15(面分)だから，ペンキがぬられた部分の面積は，1辺が2cmの正方形が25×2＋15×4＝110(面分)で，4×110＝(エ)440(cm²)

一か所もぬられていない立方体は，3段目と4段目にあり，右図の白い部分にある立方体である。個数は全部で，1＋4＝(オ)5(個)で，体積は，2×2×2×5＝(カ)40(cm³)である。

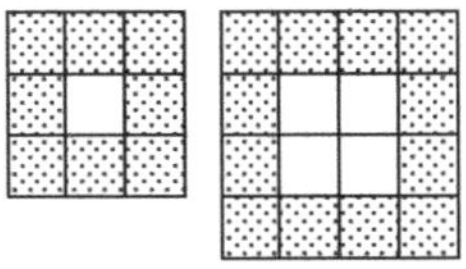

(3)　【解き方】ペンキのぬられていない立方体は，3段目に1個，4段目に2×2＝4(個)，5段目に3×3＝9(個)，6段目に4×4＝16(個)，7段目に5×5＝25(個)，8段目に6×6＝36(個)，9段目に7×7＝49(個)ある。

10段目までで，ペンキのぬられていない立方体は全部で，1＋4＋9＋16＋25＋36＋49＝140(個)だから，求める体積は，2×2×2×140＝1120(cm³)

4　(1)(2)　2つのサイコロの目の和は右表のようにまとめられる。

2個のさいころの目の和

		b					
		1	2	3	4	5	6
a	1	2	3	4	5	6	7
	2	3	4	5	6	7	8
	3	4	5	6	7	8	9
	4	5	6	7	8	9	10
	5	6	7	8	9	10	11
	6	7	8	9	10	11	12

表より，a＋b＝3，a＋b＝11となるのはどちらもア2個，
a＋b＝4，a＋b＝10となるのはどちらもイ3個，
a＋b＝5，a＋b＝9となるのはどちらもウ4個，
a＋b＝6，a＋b＝8となるのはどちらもエ5個である。
よって，(a，b)の個数は全部で，2×(1＋2＋3＋4＋5)＋6＝2×オ15＋カ6(個)

3点(1，1，2)，(1，2，1)，(2，1，1)を結んでできる三角形は，右図のようにキ正三角形になる。a＋b＋c＝5となる(a，b，c)は，(1，1，3)，(1，2，2)，(1，3，1)，(2，1，2)，(2，2，1)，(3，1，1)のク6個で，下線の3点を結ぶ三角形の辺上にある。

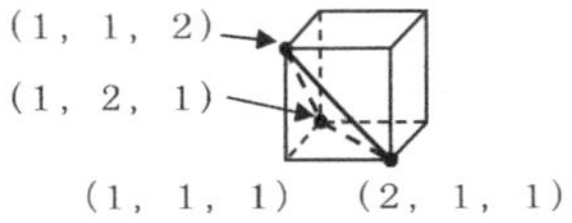

同様に考えれば，a＋b＋c＝8となる点は，a，b，cのうち2つが1で1つが8－1－1＝6である3点を結んでできる三角形の辺上および内部にあると考えられる。したがって，3点X(1，1，6)，(6，1，1)，(1，6，1)を結んでできる三角形に含まれる。この三角形を三角形8とすると，三角形8の1辺の長さは，1辺の長さが5cmの正方形の対角線の長さと等しい。3点(1，1，2)，(1，2，1)，(2，1，1)を結んでできる三角形を三角形4とすると，三角形4の1辺の長さは，1辺の長さが1cmの正方形の対角線の長さと等しい。したがって，三角形8は三角形4を5÷1＝ケ5(倍)に拡大してできる三角形だから，三角形8の中に三角形4を右図のようにしきつめることができる。●の位置がa＋b＋c＝8となる点の位置だから，a＋b＋c＝8となる場合は全部で，
1＋2＋3＋4＋5＋6＝コ21(通り)

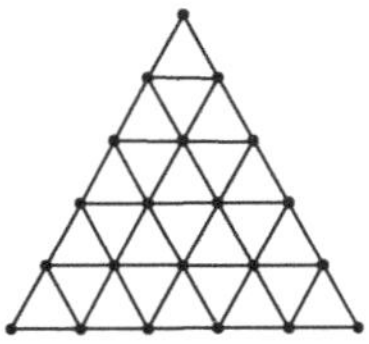

(3)　3点(1，1，3)，(3，1，1)，(1，3，1)を結んでできる三角形は右図のようになるから，(1，1，3)と(3，1，1)の真ん中の点は(2，1，2)，(3，1，1)と(1，3，1)の真ん中の点は(2，2，1)，(1，1，3)と(1，3，1)の真ん中の点は(1，2，2)である。

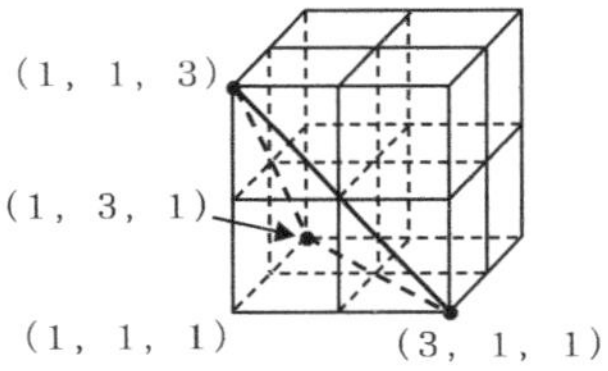

■ ご使用にあたってのお願い・ご注意

（1）問題文等の非掲載

著作権上の都合により，問題文や図表などの一部を掲載できない場合があります。

誠に申し訳ございませんが，ご了承くださいますようお願いいたします。

（2）過去問における時事性

過去問題集は，学習指導要領の改訂や社会状況の変化，新たな発見などにより，現在とは異なる表記や解説になっている場合があります。過去問の特性上，出題当時のままで出版していますので，あらかじめご了承ください。

（3）配点

学校等から配点が公表されている場合は，記載しています。公表されていない場合は，記載していません。

独自の予想配点は，出題者の意図と異なる場合があり，お客様が学習するうえで誤った判断をしてしまう恐れがあるため記載していません。

（4）無断複製等の禁止

購入された個人のお客様が，ご家庭でご自身またはご家族の学習のためにコピーをすることは可能ですが，それ以外の目的でコピー，スキャン，転載（ブログ，ＳＮＳなどでの公開を含みます）などをすることは法律により禁止されています。学校や学習塾などで，児童生徒のためにコピーをして使用することも法律により禁止されています。

ご不明な点や，違法な疑いのある行為を確認された場合は，弊社までご連絡ください。

（5）けがに注意

この問題集は針を外して使用します。針を外すときは，けがをしないように注意してください。また，表紙カバーや問題用紙の端で手指を傷つけないように十分注意してください。

（6）正誤

制作には万全を期しておりますが，万が一誤りなどがございましたら，弊社までご連絡ください。

なお，誤りが判明した場合は，弊社ウェブサイトの「ご購入者様のページ」に掲載しておりますので，そちらもご確認ください。

■ お問い合わせ

解答例，解説，印刷，製本など，問題集発行におけるすべての責任は弊社にあります。

ご不明な点がございましたら，弊社ウェブサイトの「お問い合わせ」フォームよりご連絡ください。迅速に対応いたしますが，営業日の都合で回答に数日を要する場合があります。

ご入力いただいたメールアドレス宛に自動返信メールをお送りしています。自動返信メールが届かない場合は，「よくある質問」の「メールの問い合わせに対し返信がありません。」の項目をご確認ください。

また弊社営業日（平日）は，午前９時から午後５時まで，電話でのお問い合わせも受け付けています。

2025 春

株式会社教英出版

〒422-8054　静岡県静岡市駿河区南安倍３丁目 12-28

TEL　054-288-2131　　FAX　054-288-2133

URL　https://kyoei-syuppan.net/

MAIL siteform@kyoei-syuppan.net

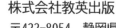

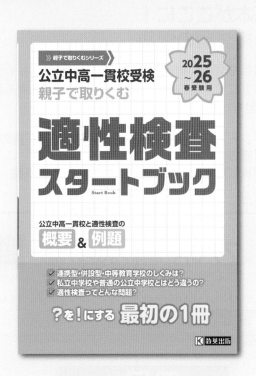

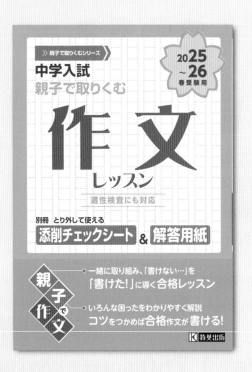

教英出版　2025年春受験用　中学入試問題集

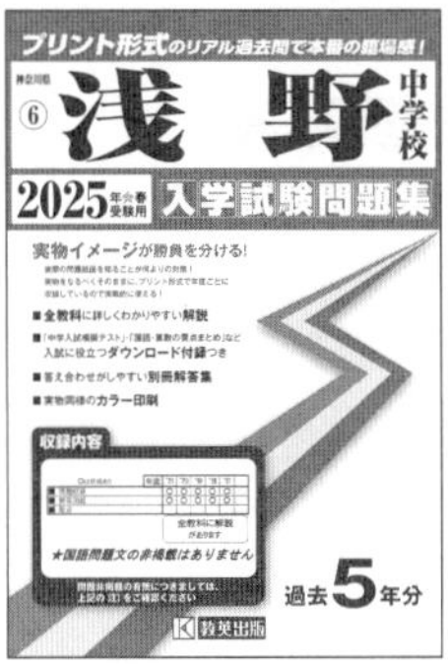

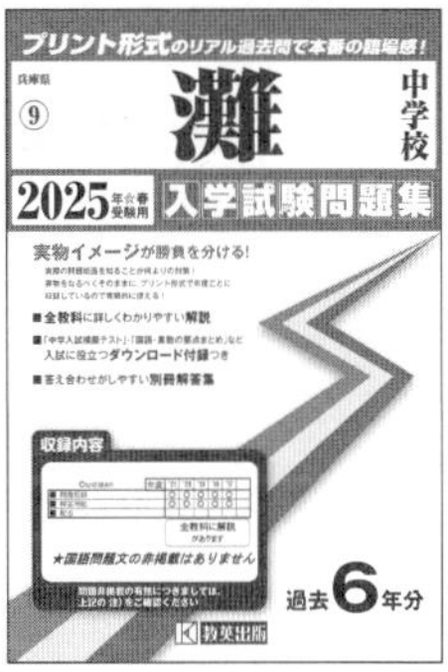

学校別問題集

✿はカラー問題対応

北海道

①[市立]札幌開成中等教育学校
②藤女子中学校
③北嶺中学校
④北星学園女子中学校
⑤札幌大谷中学校
⑥札幌光星中学校
⑦立命館慶祥中学校
⑧函館ラ・サール中学校

青森県

①[県立]三本木高等学校附属中学校

岩手県

①[県立]一関第一高等学校附属中学校

宮城県

①[県立]宮城県古川黎明中学校
②[県立]宮城県仙台二華中学校
③[市立]仙台青陵中等教育学校
④東北学院中学校
⑤仙台白百合学園中学校
⑥聖ウルスラ学院英智中学校
⑦宮城学院中学校
⑧秀光中学校
⑨古川学園中学校

秋田県

①[県立]
大館国際情報学院中学校
秋田南高等学校中等部
横手清陵学院中学校

山形県

①[県立]
東桜学館中学校
致道館中学校

福島県

①[県立]
会津学鳳中学校
ふたば未来学園中学校

茨城県

①[県立]
日立第一高等学校附属中学校
太田第一高等学校附属中学校
水戸第一高等学校附属中学校
鉾田第一高等学校附属中学校
鹿島高等学校附属中学校
土浦第一高等学校附属中学校
竜ヶ崎第一高等学校附属中学校
下館第一高等学校附属中学校
下妻第一高等学校附属中学校
水海道第一高等学校附属中学校
勝田中等教育学校
並木中等教育学校
古河中等教育学校

栃木県

①[県立]
宇都宮東高等学校附属中学校
佐野高等学校附属中学校
矢板東高等学校附属中学校

群馬県

①
[県立]中央中等教育学校
[市立]四ツ葉学園中等教育学校
[市立]太田中学校

埼玉県

①[県立]伊奈学園中学校
②[市立]浦和中学校
③[市立]大宮国際中等教育学校
④[市立]川口市立高等学校附属中学校

千葉県

①[県立]
千葉中学校
東葛飾中学校
②[市立]稲毛国際中等教育学校

東京都

①[国立]筑波大学附属駒場中学校
②[都立]白鷗高等学校附属中学校
③[都立]桜修館中等教育学校
④[都立]小石川中等教育学校
⑤[都立]両国高等学校附属中学校
⑥[都立]立川国際中等教育学校
⑦[都立]武蔵高等学校附属中学校
⑧[都立]大泉高等学校附属中学校
⑨[都立]富士高等学校附属中学校
⑩[都立]三鷹中等教育学校
⑪[都立]南多摩中等教育学校
⑫[区立]九段中等教育学校
⑬開成中学校
⑭麻布中学校
⑮桜蔭中学校
⑯女子学院中学校
✿⑰豊島岡女子学園中学校
⑱東京都市大学等々力中学校
⑲世田谷学園中学校
✿⑳広尾学園中学校(第2回)
✿㉑広尾学園中学校(医進・サイエンス回)
㉒渋谷教育学園渋谷中学校(第1回)
㉓渋谷教育学園渋谷中学校(第2回)
㉔東京農業大学第一高等学校中等部(2月1日 午後)
㉕東京農業大学第一高等学校中等部(2月2日 午後)

神奈川県

①[県立]相模原中等教育学校
平塚中等教育学校
②[市立]南高等学校附属中学校
③[市立]横浜サイエンスフロンティア高等学校附属中学校
④[市立]川崎高等学校附属中学校
✿⑤聖光学院中学校
✿⑥浅野中学校
⑦洗足学園中学校
⑧法政大学第二中学校
⑨逗子開成中学校(1次)
⑩逗子開成中学校(2·3次)
⑪神奈川大学附属中学校(第1回)
⑫神奈川大学附属中学校(第2·3回)
⑬栄光学園中学校
⑭フェリス女学院中学校

新潟県

①[県立]村上中等教育学校
柏崎翔洋中等教育学校
燕中等教育学校
津南中等教育学校
直江津中等教育学校
佐渡中等教育学校
②[市立]高志中等教育学校
③新潟第一中学校
④新潟明訓中学校

石川県

①[県立]金沢錦丘中学校
②星稜中学校

福井県

①[県立]高志中学校

山梨県

①山梨英和中学校
②山梨学院中学校
③駿台甲府中学校

長野県

①[県立]屋代高等学校附属中学校
諏訪清陵高等学校附属中学校
②[市立]長野中学校

岐阜県

①岐阜東中学校
②鶯谷中学校
③岐阜聖徳学園大学附属中学校

静岡県

①[国立]静岡大学教育学部附属中学校
(静岡·島田·浜松)
②[県立]清水南高等学校中等部
[県立]浜松西高等学校中等部
[市立]沼津高等学校中等部
③不二聖心女子学院中学校
④日本大学三島中学校
⑤加藤学園暁秀中学校
⑥星陵中学校
⑦東海大学付属静岡翔洋高等学校中等部
⑧静岡サレジオ中学校
⑨静岡英和女学院中学校
⑩静岡雙葉中学校
⑪静岡聖光学院中学校
⑫静岡学園中学校
⑬静岡大成中学校
⑭城南静岡中学校
⑮静岡北中学校
⑯常葉大学附属常葉中学校
常葉大学附属橘中学校
常葉大学附属菊川中学校
⑰藤枝明誠中学校
⑱浜松開誠館中学校
⑲静岡県西遠女子学園中学校
⑳浜松日体中学校
㉑浜松学芸中学校

愛知県

①[国立]愛知教育大学附属名古屋中学校
②愛知淑徳中学校
③名古屋経済大学市邨中学校
名古屋経済大学高蔵中学校
④金城学院中学校
⑤椙山女学園中学校
⑥東海中学校
⑦南山中学校男子部
⑧南山中学校女子部
⑨聖霊中学校
⑩滝中学校
⑪名古屋中学校
⑫大成中学校
⑬愛知中学校
⑭星城中学校
⑮名古屋葵大学中学校
(名古屋女子大学中学校)
⑯愛知工業大学名電中学校
⑰海陽中等教育学校(特別給費生)
⑱海陽中等教育学校(I·II)
⑲中部大学春日丘中学校
新刊⑳名古屋国際中学校

三重県

①[国立]三重大学教育学部附属中学校
②暁中学校
③海星中学校
④四日市メリノール学院中学校
⑤高田中学校
⑥セントヨゼフ女子学園中学校
⑦三重中学校
⑧皇學館中学校
⑨鈴鹿中等教育学校
⑩津田学園中学校

滋賀県

①[国立]滋賀大学教育学部附属中学校
②[県立]河瀬中学校
守山中学校
水口東中学校

京都府

①[国立]京都教育大学附属桃山中学校
②[府立]洛北高等学校附属中学校
③[府立]園部高等学校附属中学校
④[府立]福知山高等学校附属中学校
⑤[府立]南陽高等学校附属中学校
⑥[市立]西京高等学校附属中学校
⑦同志社中学校
⑧洛星中学校
⑨洛南高等学校附属中学校
⑩立命館中学校
⑪同志社国際中学校
⑫同志社女子中学校(前期日程)
⑬同志社女子中学校(後期日程)

大阪府

①[国立]大阪教育大学附属天王寺中学校
②[国立]大阪教育大学附属平野中学校
③[国立]大阪教育大学附属池田中学校

④[府立]富田林中学校
⑤[府立]咲くやこの花中学校
⑥[府立]水都国際中学校
⑦清風中学校
⑧高槻中学校（A日程）
⑨高槻中学校（B日程）
⑩明星中学校
⑪大阪女学院中学校
⑫大谷中学校
⑬四天王寺中学校
⑭帝塚山学院中学校
⑮大阪国際中学校
⑯大阪桐蔭中学校
⑰開明中学校
⑱関西大学第一中学校
⑲近畿大学附属中学校
⑳金蘭千里中学校
㉑金光八尾中学校
㉒清風南海中学校
㉓帝塚山学院泉ヶ丘中学校
㉔同志社香里中学校
㉕初芝立命館中学校
㉖関西大学中等部
㉗大阪星光学院中学校

兵庫県

①[国立]神戸大学附属中等教育学校
②[県立]兵庫県立大学附属中学校
③雲雀丘学園中学校
④関西学院中学部
⑤神戸女学院中学部
⑥甲陽学院中学校
⑦甲南中学校
⑧甲南女子中学校
⑨灘中学校
⑩親和中学校
⑪神戸海星女子学院中学校
⑫滝川中学校
⑬啓明学院中学校
⑭三田学園中学校
⑮淳心学院中学校
⑯仁川学院中学校
⑰六甲学院中学校
⑱須磨学園中学校(第1回入試)
⑲須磨学園中学校(第2回入試)
⑳須磨学園中学校(第3回入試)
㉑白陵中学校
㉒夙川中学校

奈良県

①[国立]奈良女子大学附属中等教育学校
②[国立]奈良教育大学附属中学校
③[県立] 国際中学校
　　　　青翔中学校
④[市立]一条高等学校附属中学校
⑤帝塚山中学校
⑥東大寺学園中学校
⑦奈良学園中学校
⑧西大和学園中学校

和歌山県

①[県立] 古佐田丘中学校
　　　　向陽中学校
　　　　桐蔭中学校
　　　　日高高等学校附属中学校
　　　　田辺中学校
②智辯学園和歌山中学校
③近畿大学附属和歌山中学校
④開智中学校

岡山県

①[県立]岡山操山中学校
②[県立]倉敷天城中学校
③[県立]岡山大安寺中等教育学校
④[県立]津山中学校
⑤岡山中学校
⑥清心中学校
⑦岡山白陵中学校
⑧金光学園中学校
⑨就実中学校
⑩岡山理科大学附属中学校
⑪山陽学園中学校

広島県

①[国立]広島大学附属中学校
②[国立]広島大学附属福山中学校
③[県立]広島中学校
④[県立]三次中学校
⑤[県立]広島叡智学園中学校
⑥[市立]広島中等教育学校
⑦[市立]福山中学校
⑧広島学院中学校
⑨広島女学院中学校
⑩修道中学校
⑪崇徳中学校
⑫比治山女子中学校
⑬福山暁の星女子中学校
⑭安田女子中学校
⑮広島なぎさ中学校
⑯広島城北中学校
⑰近畿大学附属広島中学校福山校
⑱盈進中学校
⑲如水館中学校
⑳ノートルダム清心中学校
㉑銀河学院中学校
㉒近畿大学附属広島中学校東広島校
㉓AICJ中学校
㉔広島国際学院中学校
㉕広島修道大学ひろしま協創中学校

山口県

①[県立] 下関中等教育学校
　　　　高森みどり中学校
②野田学園中学校

徳島県

①[県立] 富岡東中学校
　　　　川島中学校
　　　　城ノ内中等教育学校
②徳島文理中学校

香川県

①大手前丸亀中学校
②香川誠陵中学校

愛媛県

①[県立] 今治東中等教育学校
　　　　松山西中等教育学校
②愛光中学校
③済美平成中等教育学校
④新田青雲中等教育学校

高知県

①[県立] 安芸中学校
　　　　高知国際中学校
　　　　中村中学校

福岡県

①［国立］福岡教育大学附属中学校（福岡·小倉·久留米）
②［県立］
- 育徳館中学校
- 門司学園中学校
- 宗像中学校
- 嘉穂高等学校附属中学校
- 輝翔館中等教育学校

③西南学院中学校
④上智福岡中学校
⑤福岡女学院中学校
⑥福岡雙葉中学校
⑦照曜館中学校
⑧筑紫女学園中学校
⑨敬愛中学校
⑩久留米大学附設中学校
⑪飯塚日新館中学校
⑫明治学園中学校
⑬小倉日新館中学校
⑭久留米信愛中学校
⑮中村学園女子中学校
⑯福岡大学附属大濠中学校
⑰筑陽学園中学校
⑱九州国際大学付属中学校
⑲博多女子中学校
⑳東福岡自彊館中学校
㉑八女学院中学校

佐賀県

①［県立］
- 香楠中学校
- 致遠館中学校
- 唐津東中学校
- 武雄青陵中学校

②弘学館中学校
③東明館中学校
④佐賀清和中学校
⑤成穎中学校
⑥早稲田佐賀中学校

長崎県

①［県立］
- 長崎東中学校
- 佐世保北中学校
- 諫早高等学校附属中学校

②青雲中学校
③長崎南山中学校
④長崎日本大学中学校
⑤海星中学校

熊本県

①［県立］
- 玉名高等学校附属中学校
- 宇土中学校
- 八代中学校

②真和中学校
③九州学院中学校
④ルーテル学院中学校
⑤熊本信愛女学院中学校
⑥熊本マリスト学園中学校
⑦熊本学園大学付属中学校

大分県

①［県立］大分豊府中学校
②岩田中学校

宮崎県

①［県立］五ヶ瀬中等教育学校
②［県立］
- 宮崎西高等学校附属中学校
- 都城泉ヶ丘高等学校附属中学校

③宮崎日本大学中学校
④日向学院中学校
⑤宮崎第一中学校

鹿児島県

①［県立］楠隼中学校
②［市立］鹿児島玉龍中学校
③鹿児島修学館中学校
④ラ・サール中学校
⑤志學館中等部

沖縄県

①［県立］
- 与勝緑が丘中学校
- 開邦中学校
- 球陽中学校
- 名護高等学校附属桜中学校

もっと過去問シリーズ

北海道

北嶺中学校
7年分（算数・理科・社会）

静岡県

静岡大学教育学部附属中学校
（静岡·島田·浜松）
10年分（算数）

愛知県

愛知淑徳中学校
7年分（算数・理科・社会）
東海中学校
7年分（算数・理科・社会）
南山中学校男子部
7年分（算数・理科・社会）
南山中学校女子部
7年分（算数・理科・社会）
滝中学校
7年分（算数・理科・社会）
名古屋中学校
7年分（算数・理科・社会）

岡山県

岡山白陵中学校
7年分（算数・理科）

広島県

広島大学附属中学校
7年分（算数・理科・社会）
広島大学附属福山中学校
7年分（算数・理科・社会）
広島学院中学校
7年分（算数・理科・社会）
広島女学院中学校
7年分（算数・理科・社会）
修道中学校
7年分（算数・理科・社会）
ノートルダム清心中学校
7年分（算数・理科・社会）

愛媛県

愛光中学校
7年分（算数・理科・社会）

福岡県

福岡教育大学附属中学校
（福岡·小倉·久留米）
7年分（算数・理科・社会）
西南学院中学校
7年分（算数・理科・社会）
久留米大学附設中学校
7年分（算数・理科・社会）
福岡大学附属大濠中学校
7年分（算数・理科・社会）

佐賀県

早稲田佐賀中学校
7年分（算数・理科・社会）

長崎県

青雲中学校
7年分（算数・理科・社会）

鹿児島県

ラ·サール中学校
7年分（算数・理科・社会）

※もっと過去問シリーズは
国語の収録はありません。

教英出版
〒422-8054
静岡県静岡市駿河区南安倍3丁目12−28
TEL 054-288-2131
FAX 054-288-2133
詳しくは教英出版で検索
教英出版　検索
URL https://kyoei-syuppan.net/

令和６年度

野田学園中学・高等学校
入 学 試 験 問 題
〈 一 般 入 試 A 〉

国　語

（50分／100点）

〈 注　意 〉

1　指示があるまで，開いてはいけません。

2　答えは，すべて解答用紙に記入しなさい。

3　問題は 一 から 五 まであります。

4　字数が指定されている問題は，句読点（「。」「、」）やかぎかっこ（「　」），アルファベットや数字なども，１字として数えなさい。

2024(R6) 野田学園中
教英出版

一 【文章１】～【文章３】は「雨やどり」という題名の物語の一部分です。よく読んで、あとの問いに答えなさい。

【文章１】

その日の天気予報は「快晴のち曇《くも》り一時雨、ところによって激しい雷雨《らいう》となるでしょう」だった。最近はずれどおしの予報が、ひさびさに――気象予報士がガッツポーズをつくりそうなほど、みごとに当たった。

まぶしい午後の陽射しがふっと弱まったかと思うと、見る間に空が暗くなってきた。重たげな雲だ。それも、いつもとは違《ちが》う色合いだった。灰色の絵の具でべったり塗《ぬ》りつぶしたような雲ではなく、濃淡《のうたん》がはっきりしている。雲が厚いところは夜のように暗く、薄《うす》いところからは、ほの白く陽が透《す》けていた。

1ゴロゴロという低い音が聞こえた。風が止まって、街を包む空気が引き締《し》まった。埃《ほこり》のにおいがする。かすかに焦《こ》げくさいようなにおいでもある。

2一丁目の少年は、おばあちゃんと二人でバス停にいた。

「傘《かさ》、持ってきてるの?」

少年が訊《き》くと、おばあちゃんは黙《だま》って首を横に振《ふ》った。

次のバスが来るのは十分後。前のバスには、ちょっとの差で間に合わなかった。運が悪い――おばあちゃんの田舎では「マンが悪い」というのだと、一緒《いっしょ》に暮らした半年の間で教わった。

「3ねえ……ウチに帰って、傘、持ってこようか?」

おそるおそる訊くと、おばあちゃんは「そげなことせんでええ」と迷う間もなく言った。そりゃそうだよね、と少年もうつむいて、足元の小石を軽く蹴《け》った。

家に帰ると、お母さんがいる。怒《おこ》っているのか泣いているのかはわからないが、とにかく不機嫌《ふきげん》なお母さんが、ヘッドホンをつけて音楽を聴《き》いているだろう。

4おばあちゃんとお母さんはケンカをした。理由はよくわからない。少年が学校から帰ってくると、おばあちゃんは身の回りの荷物をまとめていた。夕方の新幹線に乗る。今日中には田舎まで帰れなくても、とにかく、ここを出て行く。お母さんは「勝手にすればええが」と田舎《いなか》の言葉で言って、おばあちゃんを引き留めようとはしない。

おばあちゃんとお母さんは、実の親子なのにしょっちゅうケンカをする。おばあちゃんが田舎で一人暮らしをしていた頃《ころ》は、夏休みやお正月に帰るたびにお母さんは優しい言葉をかけていて、おばあちゃんだっていつもにこにこ笑っていたのに、一緒に暮らしはじめると急に仲が悪くなった。「一つ屋根の下だと、やっぱりいろいろあるんだよなあ」―― なだめ役のお父さんも、最近はもうあきらめているような様子だった。
怒ると、おばあちゃんは家を出て行く。近所をひとまわりして帰ってくるときもあれば、駅までバスで出て、デパートで買い物をしてくることもある。でも、田舎に帰るとまで言い出したのは、これが初めてだった。
「ほな、トシちゃん、元気でなあ。お母ちゃんもアレなひとじゃけど、あんたはせいぜい仲良うしんさい」
［ A ］のような一言を残して家を出たおばあちゃんを、少年は追いかけた。「5ノート買いたいから、駅まで一緒に行く」と言った。
おばあちゃんは「来るな」とは言わなかったし、お母さんも「行くな」とは言わなかった。でも、どうして追いかけたくなったのか、一緒に駅まで行ってどうしたいのか、少年にもわからない。新幹線の乗り場に向かうおばあちゃんを引き留めるのか、あっさり見送るのか、どっちも「あり」だな、と思っている。
空はひときわ暗さを増した。さっきまで陽が透けていたところも分厚い雲に覆《おお》われてしまい、まだ四時前なのに街灯が点《つ》いた。
「バス……遅《おそ》いね」
少年がぽつりと言うと、おばあちゃんは「乗ってしまえば屋根があるんじゃけん」と応《こた》えて、ため息をついた。
駅に着いたらどうするのか、おばあちゃんにもほんとうはわかっていないのかもしれない。少年はふと思い、思うだけで口には出さなかった。

【文章２】
雨が降る。雷《かみなり》の音は少しずつ遠ざかっていたが、雨脚《あまあし》はあいかわらず強い。
気象庁の梅雨明け宣言を追い抜《ぬ》いて、季節が変わる。街角《まちかど》に咲《さ》くアジサイの花を散らすこの雨は、夏の夕立だ。
一丁目の少年はクリームソーダをストローで飲みながら、色のついた窓ガラス越《ご》しに外の通りを見ていた。駅行きのバスが、いま、喫茶店《きっさてん》の前を走り抜けていった。結局バスを二本やり過ごしたことになる。
顔を外に向けたまま、横目でおばあちゃんの様子をうかがった。おばあちゃんは、あんみつの豆を一つずつスプーンですくって食べている。バスに乗れずにふてくされているようにも見えるし、ただあんみつを食べるのに夢中になっているだけのようにも見える。
甘《あま》いものは、おばあちゃんもお母さんも大好きだ。でも、おばあちゃんは和菓子《わがし》のあんこが好きで、お母さんはゼリーやババロアのような洋菓子《ようがし》が好き――6二人のケンカは、あんがいそういうところに原因があるのかもしれない、と少年は思う。

【文章3】

一丁目の少年は、喫茶店を出ると、東の空に虹《にじ》を見つけた。きれいな色や形はしていなかったが、青や赤の帯が空に映し出されている。

おばあちゃんも「これで今夜は涼《すず》しゅうなるわ」と笑って、7バス停とは反対側に歩きだした。

「なあ、トシちゃん」

「……なに？」

「水ようかん、買《こ》うて帰ろうか」

どこに――とは、言わなかった。少年も訊かない。かわりに、「ぼく、買ってくる」と言った。和菓子屋さんは通りの先の交差点の、もっと先にある。

おばあちゃんは「ほんなら、交差点のところまで行って待っとるけん」と少年に財布を渡《わた》して、少し照れくさそうにつづけた。「8夏みかんのゼリーも買うとこうか」

（重松　清『小学五年生』所収「雨やどり」文春文庫刊より）

※「そげなことせんでええ」＝方言。「そんなことはしなくてよい」の意味。
「勝手にすればええが」＝方言。「勝手にしたらいいわ」の意味。

問一　――線部1「ゴロゴロという低い音が聞こえた。風が止まって、街を包む空気が引き締《し》まった」という表現は、この後、天気がどうなることを表していますか。五字以上八字以内で本文中からぬき出して答えなさい。

問二　――線部2「一丁目の少年」とありますが、この少年は日ごろ何と呼ばれていますか。本文中からぬき出して答えなさい。

問三　――線部3「ねえ……ウチに帰って、傘、持ってこようか？」とありますが、この言葉の次に少年は何と言いましたか。本文中の会話文の中からぬき出して答えなさい。

問四　――線部4「おばあちゃんとお母さんはケンカをした」とありますが、このケンカがこれまでで最も深刻なケンカであることがわかる一文を探し、その文の最初の五字をぬき出して答えなさい。

問五　[A] に入れるのに最も適切なものを次のア～オから選び、記号で答えなさい。

ア　励《はげ》まし　　イ　お説教　　ウ　捨てぜりふ　　エ　冗談《じょうだん》　　オ　おまじない

問六　――線部5「ノート買いたいから、駅まで一緒に行く」とありますが、少年がわざわざこのように言った理由としてふさわしくないものを次のア～エから一つ選び、記号で答えなさい。

ア　おばあちゃんと一緒に駅に行ってもどうしていいかわからなかったから。
イ　お母さんとケンカして家を出たおばあちゃんのことが心配だったから。
ウ　お母さんにおばあちゃんに味方したと思われないよう気を遣《つか》ったから。
エ　おばあちゃんが列車に乗るところを自分の目で確かめようと思ったから。

問七　――線部6「二人のケンカは、あんがいそういうところに原因があるのかもしれない」とありますが、「少年」はケンカのいちばんの原因はどういうことだと思っていますか。五十字以上八十字以内で答えなさい。

問八　――線部7「バス停とは反対側に歩きだした」とありますが、おばあちゃんは、この後どうすることにしたのですか。十五字以内で答えなさい。

問九　――線部8「夏みかんのゼリーも買うとこうか」とありますが、どういう気持ちの表れですか。次の文の[Ⅰ]・[Ⅱ]に当てはまる言葉を、Ⅰは本文中から六字でぬき出し、Ⅱは五字以内の言葉を自分で考えて答えなさい。

・お母さんは[Ⅰ]だから、買って帰って[Ⅱ]しようという気持ち。

二 次の文章を読んで、あとの問いに答えなさい。

小学校に入ると国語では、まず「五十音図」を覚えます。

これを、みんな「当たり前」と思っていませんか？

「当たり前」は、別の言葉で「空気のように」と言い替《か》えてもいいかもしれません。

まだ、六歳《さい》の善悪の判断もつかない子どもたちに、「日本語は五十音図があれば書き表せる、これが、基本の基本なのだ」と植え付けるのです。

それを悪いと、ぼくは決して、言うつもりはありません。

ただ、五十音図って、本当にそうなのか？と[1]疑問を持つのです。

［　A　］、みなさんのなかには「Louis Vuitton」のバッグやお財布を使っているという方もいらっしゃるでしょう。このブランド名、どう日本語では表記しますか？

ルイ・ビトン？

ルイ・ヴィトン？

ルイ・ビトンと〈カタカナ〉で書くと、パッチモンみたいな感じがします。でも、ルイ・ヴィトンの「ヴィ」という表記は、五十音図のどこにあるのでしょうか。小学校の教科書に出ている「五十音図」に、「ヴィ」という表記がついているものは、ひとつとしてありません。

そして、この表記は、小学校でも先生から教わることはありません。

ただ、英語を習い始めると、「b」と「v」では、発音が違《ちが》うのだと教わります。「v」は下唇《したくちびる》を噛《か》んで発音しなさい。「b」は、上下両方の唇を合わせて発音するのだと言われます。

［　B　］、英語やフランス語を母国語とする人と友だちになったら、「berry（ベリー）」と「very（とっても）」の発音は区別しないと意味がわからなくなるよと、注意してくれるかもしれません。

I like strawberry very much.（私は苺《いちご》が大好きです）

日本語にない「v」の発音は、日本語を表記する五十音図にないのは当然ですが、かつて、なんとかこれを日本語として書き表せないかと工夫した人たちがいました。

［　C　］、今、「vi」は「ヴィ」、「bi」は「ビ」と書いて区別されるようになったのです。

次に、もうひとつ、今度は、こんな例を挙げたいと思います。

「先生」は、どう読みますか？

D 「せんせい」ですね。

ですが、一九八〇年代まで、北九州の人たちは、これを「センセイ」ではなく、「シェンシェイ」「シェンシィェイ」と発音していました。

読み方を〈ひらがな〉で書きなさいと言われれば「せんせい」と書きますが、話すと「シェンシェイ」等になるのです。

さて、我々は、日本語で話している言葉を書き表すために「五十音図」を習います。

この時の「日本語」は「標準語」とされる「日本語」です。

「言文一致《いっち》運動」という「五十音図」を使った教育が始まったのは、明治時代初期、今から約一五〇年前のことです。

この教育によって次第に、我々は、日本にはない外国語の音や、方言で使われる音を「五十音図」に書かれる文字で、すべて表せると思うようになってしまいました。

そうすることによって「v」を「ビ」、「シェンシェイ」を「せんせい」と書いても、なんら[2]違和感《いわかん》も感じなくなってしまったのです。

べつの言い方をすれば、「五十音図」以外の音は世界にはもちろん、日本語の方言にも本当はたくさんあるのに、それを切り捨てて、何とも思わなくなったということになります。

しかし、五十音図の「仮名」は、「あ」から「ん」の文字しかありません。

すべての音を正確に書き表すことができる文字ではないのです。五十音図の「仮名」を使った言葉は、実際の発音を[3]「書き表したつもり」になっているだけの現象にすぎないのです。

そのことは、江戸《えど》時代の小説家、式亭三馬《しきていさんば》（一七七六～一八二二）も『浮世風呂《うきよぶろ》』を書いた時に、すでに気がついていました。今ある「仮名」では、自分が書き表そうとしている日本語表現ができない、と。

あとで詳《くわ》しく触《ふ》れますが、『浮世風呂　前編』の凡例《はんれい》に、そのことが書かれています。

江戸っ子の発音する「が」と、東北出身の人の話す「が」は、発音が異なる。東北出身の人が言う「が」は、[4]「か゚」と書く。（意訳）

現代ではマンガを読んでいると、時々「あ゙ー」や「ん゙ー」という表記を見ることがあります。

「あー」でもなく、「んー」でもないと、マンガ家たちは、自由な発想でこうした表記を使っています。じつはこれは、式亭三馬が音感をどう表記すればより的確かという格闘《かくとう》の中から産みだした「か゚」と同じ発想です。

こうしたことからすれば、「五十音図」は、「音図」としては、日本語を表記するには、まだまだ不十分なものだということが明らかでしょう。

じつは、言語は日本語に限らずどのような言葉も、おおよそ一〇〇年を周期に変化をしています。一〇〇年前頃《ごろ》に書かれた明治・大正時代の文学作品が、一般《いっぱん》の人たちにはもう注釈《ちゅうしゃく》や現代語訳なしには読めなくなってしまったということからも、このことは推測できるかと思います。

それでは、一〇〇〇年前の言葉はどういうものだったのでしょう？

具体的には平安時代の作品『源氏物語』や『枕草子《まくらのそうし》』を想像して頂ければと思いますが、本を開いても、原文ではまったく読めません。

もちろん、日本語ですから、少しはわかるところがあるでしょうが、柔軟《じゅうなん》に作者の意図を読み取るということは、ほとんど不可能です。

じつは、一〇〇〇年単位の変化が一〇回起こってしまうと、同じ日本語でも、一〇〇〇〇年後には、もうまったく読めない言語になるのです。

五十音図の原型は、現在の石川県加賀市山代《やましろ》温泉で作られました。明覚上人《みょうかくしょうにん》（一〇五六～没年不詳《ぼつねんふしょう》）という人の研究によるものです。

仏教経典が書かれたサンスクリット語、それを翻訳《ほんやく》した漢文、それを日本語として正確に読むためにはどうすればいいのかと、明覚は、科学的な視点で、日本語の「音」を研究し、「五十音図」を作ったのでした。

現代は、5明覚が五十音図を作ってからおよそ一〇〇〇年の時を経ています。

もしかすると、現代の日本語は、一〇〇〇年前に作られた明覚上人の「五十音図」ではカバーできなくなった「音」に満ちてしまっているのかもしれません。

（山口　謡司《ようじ》『お――教科書が教えない日本語』より　設問の都合上、本文を省略した部分があります）

※　パッチモン　＝　バッグや財布、時計などの高級ブランド品の偽物《にせもの》。

言文一致運動　＝　明治から大正にかけて行われた、書き言葉を話し言葉に近づけようとする運動。

凡例　＝　その本の編集方針や利用のしかたなどを箇条書《かじょうが》きで説明したもの。

問一　――線部1「疑問」とは、具体的にどのようなことに対する疑問ですか。「～ということ。」に続くように、本文中から二十字以内でぬき出して答えなさい。

問二　本文中の[A]～[D]に当てはまる言葉として最も適当なものを、次のア～オから選び、記号で答えなさい。

ア　そして　イ　しかし　ウ　たとえば　エ　もしも　オ　もちろん

問三　――線部２「違和感も感じなくなってしまった」とはどういうことですか。「違和感」の内容を明らかにしつつ、本文中の表現を用いて五十字以内で説明しなさい。

問四　――線部３「『書き表したつもり』になっている」とありますが、「書き表したつもり」に「　」がついている理由として最も適当なものを、次のア～エから選び、記号で答えなさい。

ア　五十音図以外の音は外国語にも日本語にもたくさんあるのに、人々がそれに気づいていないということを示すため。

イ　五十音図の「仮名」は、実際の発音を正確に表記するのに不十分であるのを人々が気づいていないということを示すため。

ウ　五十音図以外の音を正確に表記する方法を江戸時代の人々がすでに考えていたということを強調するため。

エ　五十音図の「仮名」は、一〇〇年周期で変化する言語に対応させなければいけないということを強調するため。

問五　――線部４「『か゚』」を説明した次の文の[Ⅰ]・[Ⅱ]に当てはまる言葉を本文中からぬき出して答えなさい。ただし、[Ⅰ]は六字、[Ⅱ]は五字で答えなさい。

・「か゚」は[Ⅰ]が話す「が」で、式亭三馬が音感をより的確に表記するために[Ⅱ]で生みだしたものである。

問六　――線部５「明覚が五十音図を作っ」た目的は何ですか。本文中の表現を使って、十字以内で答えなさい。

三　次の(1)～(15)の——線部のカタカナは漢字に改め、漢字は読み方をひらがなで書きなさい。

(1) 新しい家がタつ。
(2) 絵をテンラン会に出品する。
(3) イガイな結末をむかえた。
(4) 大きなカンバンがある。
(5) 選挙のトウヒョウに行く。
(6) 窓を開けてカンキをする。
(7) オーケストラのシキ者に会う。
(8) 水がジョウハツする。
(9) 部屋の温度をチョウセツする。
(10) 有名な教授のコウギを受ける。
(11) 険しい山道を登る。
(12) やせた土地を肥やす。
(13) 三日ほど留守にする。
(14) いくつもの言語を操る。
(15) 難問を解こうと試みる。

四　次の(1)～(5)の慣用句について、同じ行の（　）に共通して当てはまる言葉をあとのア～キから選び、それぞれ記号で答えなさい。

(1) （　）がはやい。　（　）が痛い。　（　）にさわる。　（　）を澄《す》ます。
(2) （　）を入れる。　（　）を持つ。　（　）を並べる。　（　）を落とす。
(3) （　）が下がる。　（　）にくる。　（　）を抱《かか》える。　（　）が固い。
(4) （　）を乗り出す。　（　）を進める。　（　）を打つ。　（　）が笑う。
(5) （　）が低い。　（　）を入れる。　（　）を据《す》える。　（　）を抜《ぬ》かす。

〔ア 頭　イ 耳　ウ 顔　エ 肩《かた》　オ 手　カ 膝《ひざ》　キ 腰《こし》〕

五

次の(1)〜(3)の――線部と同じ用法であるものを、それぞれあとのア〜エから選び、記号で答えなさい。

(1) 毎日を陽気に過ごす。

ア 画用紙に絵を描《か》く。
イ 部屋をきれいにする。
ウ この素材は綿のように軽い。
エ ただちに体育館に集合しなさい。

(2) 赤ちゃんの寝顔《ねがお》は天使のようだ。

ア 職員室に来るように言われた。
イ 彼《かれ》はここには来ないようだ。
ウ 一緒《いっしょ》に映画を見ようよ。
エ 彼女《かのじょ》は美しい花のようだ。

(3) 友人の温かい言葉が忘れられない。

ア 私が通う学校には吹奏楽《すいそうがく》部がない。
イ 兄の言うことは理解できない。
ウ 完成する日も遠くない。
エ 母のさりげない言葉がうれしかった。

令和６年度

野田学園中学・高等学校
入 学 試 験 問 題
〈一　般　入　試　A〉

算　数

（50分／100点）

〈 注　意 〉

1　指示があるまで，開いてはいけません。

2　答えは，すべて解答用紙に記入しなさい。

3　問題は ［1］ から ［4］ までありみます。

1 次の（1）～（10）の問いに答えなさい。

（1）$8+17-9$ を計算しなさい。

（2）$36+24\div 6-3\times 3$ を計算しなさい。

（3）$4\div\left(3.2-\dfrac{6}{5}\right)-1$ を計算しなさい。

（4）$\left(1-\dfrac{1}{2}\right)\times\left(1-\dfrac{1}{3}\right)\times\left(1-\dfrac{1}{4}\right)\times\left(1-\dfrac{1}{5}\right)\times\left(1-\dfrac{1}{6}\right)\times\left(1-\dfrac{1}{7}\right)$ を計算しなさい。

（5）$\dfrac{23}{17}\times\left(\dfrac{16}{5}-\dfrac{3}{2}\right)\div\left(\dfrac{11}{20}+\dfrac{7}{4}\right)$ を計算しなさい。

(6) 60kmの道のりを行きは時速40kmで，帰りは時速60kmで移動しました。このとき往復にかかった時間を求めなさい。

(7) ある仕事をAさんは3時間で，Bさんは2時間で終わらせることができます。同じ仕事をAさんとBさんが協力して行った場合，何時間何分で終わらせることができますか。

(8) A, B, Cと書かれた箱と，A, B, Cと書かれたボールが1つずつあります。3つの箱の中に1つずつボールを入れるとき，箱に書かれた文字とボールに書かれた文字がすべて異なる入れ方は何通りありますか。

(9) 下の図は一辺の長さが4cmの正方形と半円と中心角90°のおうぎ形を組み合わせた図形です。色をぬった部分の面積を答えなさい。円周率は3.14とします。

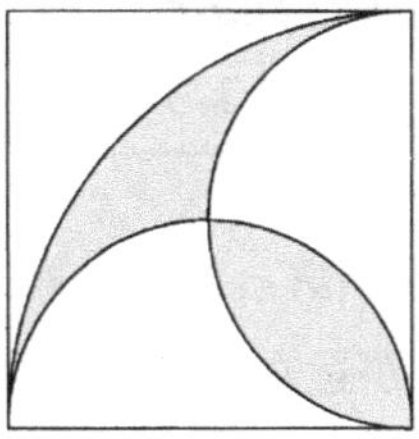

(10) 図のような長さ5cmの直線3本で作られた折れ線ABCDと半径1cmの円板を考えます。円板の中心を折れ線にそってAからDまで動かすとき，円板が通った部分の面積を求めなさい。円周率は3.14とします。

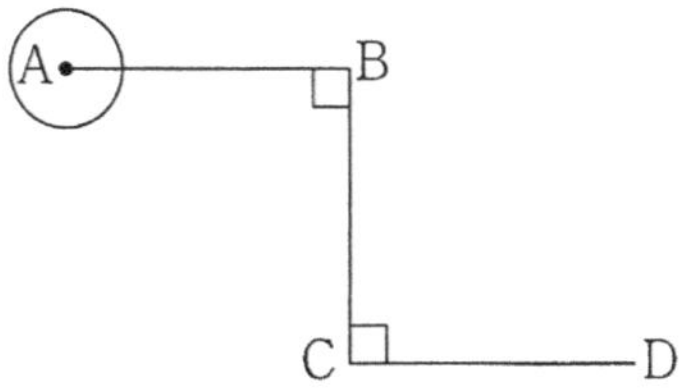

2 あつしさんは，探究学習で「スポーツで地域を活性化する！」をテーマに中学生と高校生それぞれ600人を対象にアンケート調査を行いました。あとの問い（1），（2）に答えなさい。

（1）中学生600人を対象にしたアンケート調査では，以下のようなことが分かりました。次の ア ～ ウ にあてはまる数を求めなさい。

質問Ａ：スポーツは好きですか？次の４つの中から当てはまるものを１つだけ選んでください。

好き	見るのは好き	嫌い	どちらでもない
48%	12%	15%	25%

この結果から，スポーツが「好き」と答えた人は ア 人であることが分かりました。

次に，質問Ａでスポーツが「好き」と答えた人のみにアンケート調査を行いました。

質問Ｂ：どんなスポーツが好きですか？好きなスポーツを１つだけ選んで答えてください。

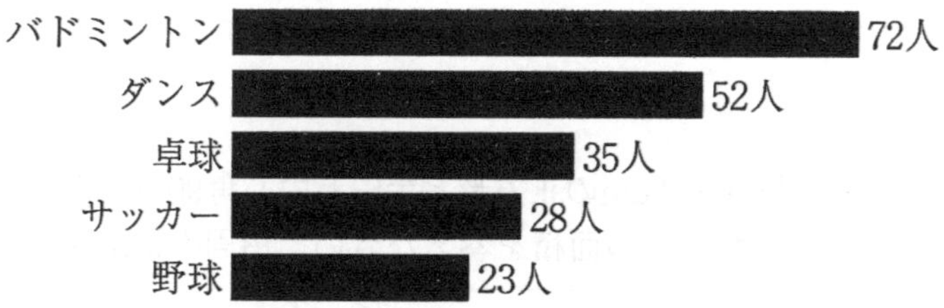

※　上位５つを表しています。

この結果から，１番人気があったのはバドミントンで，質問Ａでは「好き」と答えた人の イ %の人が選んでいました。また，上位５つ以外を選んだ人は ウ 人でした。

（2）高校生600人を対象にしたアンケート調査では，スポーツが「好き」と答えた中学生と高校生の人数比は４：５で，スポーツを「見るのは好き」と答えた高校生は60人でした。スポーツが「好き」または「見るのは好き」と答えた高校生の人数は，高校生全体の何％か求めなさい。

3 立方体を積み重ねてできる立体について，太郎さん，花子さん，先生の３人が会話をしています。次の会話を読んで，あとの（1）～（3）の問いに答えなさい。

先生「１辺が２cmの立方体の形をした，中身のつまったブロック27個を，**図１**のように，すき間なく積み重ねてできる立体について考えてみよう。まず，この立体の体積はいくらになるかな。」

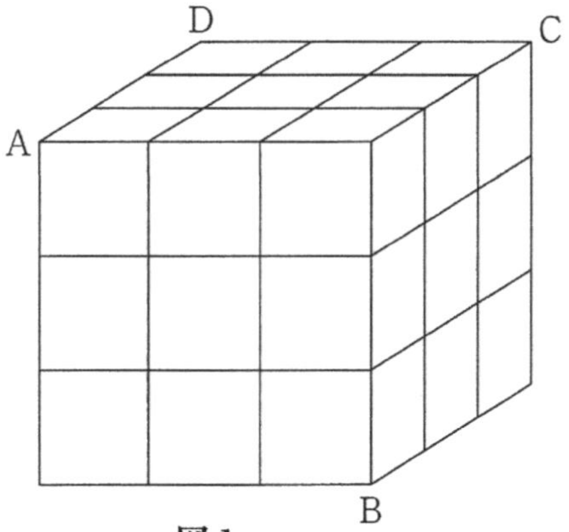

図１

太郎「積み重ねてできる立体も立方体だから，体積は［ア］cm^3です。」

先生「正解です。では，この立体をつかった問題を考えてみましょう。」

花子「先生，こんな問題はどうでしょう。」

先生「もうできたんですか，花子さん。どんな問題ですか。」

花子「**図１**の頂点Ａ, Ｂ, Ｃを通る平面で立体を切ったとき，切り口はどのような図形になるでしょう。」

太郎「頂点Ａ, Ｂ, Ｃを結ぶと，立体の表面上に辺をもつ三角形ができるなあ。」

花子「どんな三角形でしょう。」

太郎「すべての辺は立方体の面の対角線だから，［X］かな。」

花子「その通りですね。」

先生「よくできましたね，太郎さん。」

太郎「へへへ。」

花子「あ，先生。この立体はブロックを積み重ねてできているので，切り口には線が出てくるのではないでしょうか。」

先生「そうですね。例えば８個のブロックでできた立方体を同じように切ると，**図２**のような線が出てきますね。」

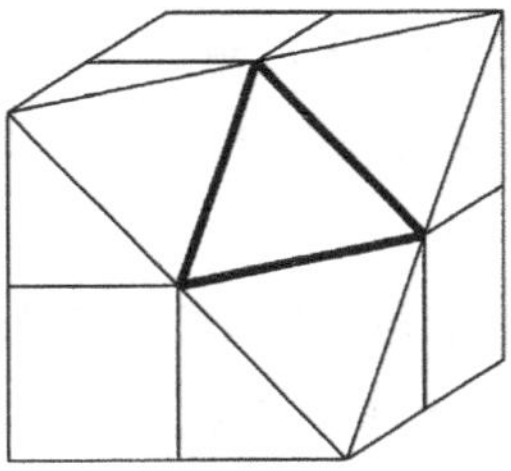

図2

花子「**図1**の頂点A，B，Cを通る平面で立体を切ったときの切り口だと，どのような線が出てくるのでしょうか。」

先生「太郎さん，かけるかな。」

太郎「先生，かけました。」

先生「素晴らしいですね，太郎さん。よくかけました。この図から気が付くことはないかな。」

花子「立体を切った後，頂点Dを含むほうの立体のうち，一部を切り取られているブロックは［ イ ］個ありますね。」

太郎「あれ，一部を切り取られているブロックの形は２種類あるよ。それぞれ何個ずつあるかな。」

花子「一部を切り取られているブロックのうち，体積が大きい方は［ ウ ］個，小さい方は［ エ ］個あります。」

先生「よくできましたね，花子さん。」

（1）［ X ］にあてはまる三角形の名前を答えなさい。

（2）切り口に出てくる線を解答用紙の図にかき込みなさい。

（3）［ ア ］～［ エ ］にあてはまる数を答えなさい。

4 ［1］図のように面積が１cm²の正六角形ＡＢＣＤＥＦがあります。この頂点のうち３点を選んで三角形を作るとき，次の（１）～（４）の三角形の個数をそれぞれ答えなさい。

ただし，三角形ＡＢＣ，三角形ＢＡＣ，三角形ＣＡＢなど，頂点の順がちがうだけのものは１つの三角形と考えます。

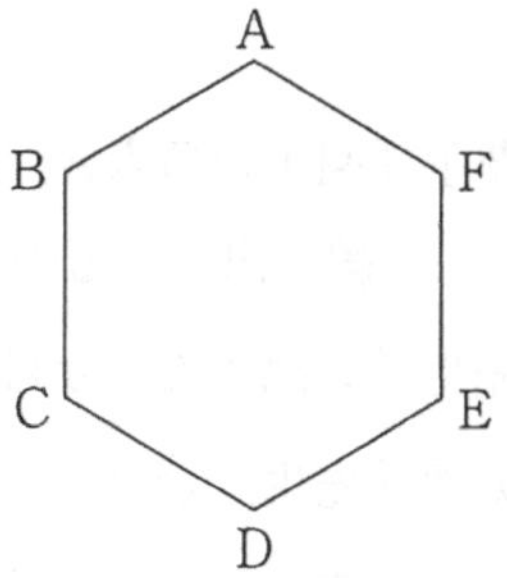

（１）直角三角形

（２）二等辺三角形（正三角形を含む）

（３）面積が $\frac{1}{6}$ cm²となる三角形

（４）面積が $\frac{1}{3}$ cm²となる三角形

［2］図のように面積が１cm²の正六角形を３つ張り合わせた図形について，次の（１），（２）の問いに答えなさい。

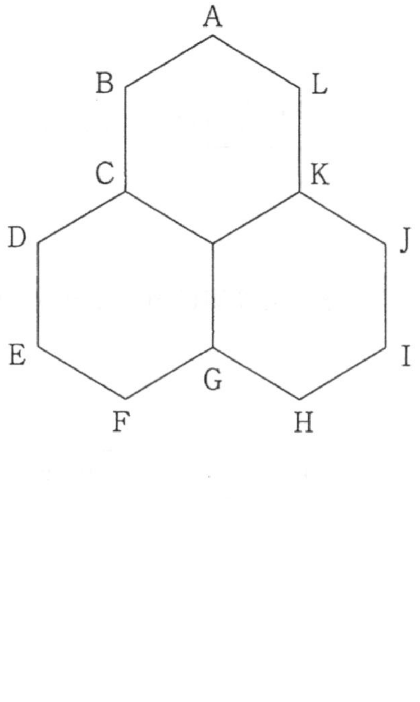

（１）三角形ＡＥＩの面積を求めなさい。

（２）三角形ＡＥＨの面積を求めなさい。

令和６年度

野田学園中学・高等学校
入学試験問題
〈一　般　入　試　A〉

英　語

（20分／20点）

〈注　意〉

1　指示があるまで，開いてはいけません。

2　答えは，すべて解答用紙に記入しなさい。

3　問題は 1 ～ 5 までであります。

4　1 ～ 3 はリスニングの問題です。英文はすべて２度放送されます。
必要があれば，メモをとってもかまいません。

リスニング問題

※音声と放送原稿非公表

1　次の（1）～（4）の各イラストを参考《さんこう》にしながら英文と応答《おうとう》を聞き，その中から最も適切《てきせつ》なものを１～３から１つ選び，番号で答えなさい。

（1）

（2）

（3）

（4）

２　次の（１）～（４）の各イラストについて３つの英文を聞き，その中から絵の内容《ないよう》を最もよく表しているものを１つ選び，番号で答えなさい。

（１）

（２）

（３）

（４）

3 次の（1）～（4）の対話と質問を聞き，その答えとして最も適切なものを1～4から1つ選び，番号で答えなさい。

（1） 1 Practice judo. 2 Practice kendo.
3 Play table tennis. 4 Play with friends.

（2） 1 One. 2 Two.
3 Three. 4 Four.

（3） 1 The station. 2 The flower shop.
3 The department store. 4 The supermarket.

（4） 1 She did her homework. 2 She wants to eat a cherry.
3 She walked to the park. 4 She watched TV.

令和6年度　野田学園中学・高等学校　入学試験〈一般入試A〉国語　解答用紙

受験番号

氏名

得点

※100点満点
（配点非公表）

一

問一

問二

問三

問四

問五

問六

問七

問八

問九

I

II

小計

二

令和5年度 … 入学者選抜（一般入試A） 国語 解答用紙

一

問一	問二	問三	問四	問五	問六	問七	問八	問九
								Ⅰ
								Ⅱ

二

受験番号	
氏名	
得点	

得点

(2)	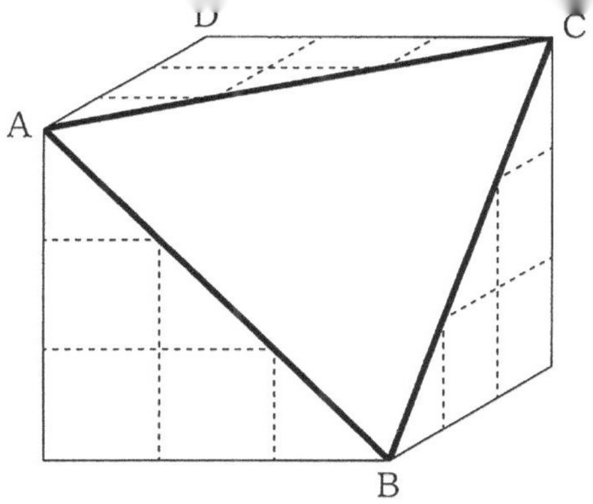					
(3)	ア		イ		ウ	
	エ					

小　計

4

[1]	(1)	個	(2)	個	(3)	個
	(4)	個				
[2]	(1)	cm^2	(2)	cm^2		

小　計

P
V

4			
(1)		(2)	
(3)		(4)	

5	
(1)	
(2)	
(3)	個
(4)	

令和６年度　野田学園中学・高等学校　入学試験〈一般入試Ａ〉　英語　解答用紙

受験番号		氏　名		得　点	※20点満点 （配点非公表）

1

（1）		（2）	
（3）		（4）	

2

（1）		（2）	
（3）		（4）	

3

（1）		（2）	

令和６年度　野田学園中学・高等学校　入学試験〈一般入試Ａ〉　算数　解答用紙

受験番号		氏　名		得　点	※100点満点 （配点非公表）

1

(1)		(2)		(3)	
(4)		(5)		(6)	時間
(7)	時間　　分	(8)	通り	(9)	cm^2
(10)	cm^2				

小　計

2

(1)	ア		イ		ウ	
(2)	%					

小　計

【解答

3

問三

問四

問五 Ⅰ Ⅱ

問六

小計

三

(1) つ
(2)
(3)
(4)
(5)
(6)
(7)
(8)
(9)
(10)
(11) しい
(12) やす
(13)
(14) る
(15) みる

小計

四

(1)
(2)
(3)
(4)
(5)

小計

五

(1)
(2)
(3)

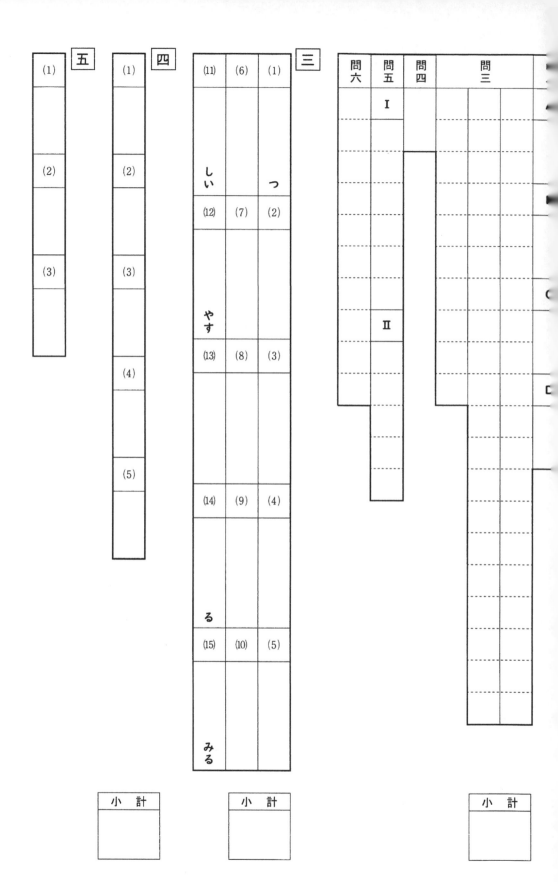

筆記問題

4　次の（1）～（4）の３つのイラストの下にその英単語が書かれています。

□または□に入る共通した文字を，下の　　　から選んで書きなさい。

（1）

□onkey

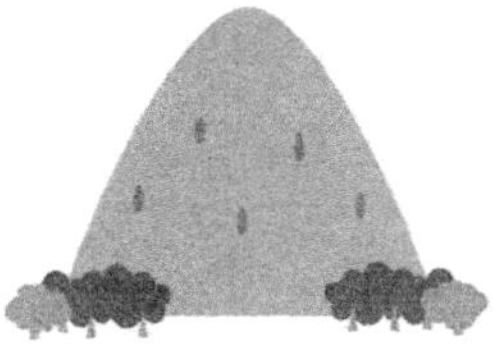

□ountain

□usic

m　　　n　　　v

（2）

g□ape

□ice

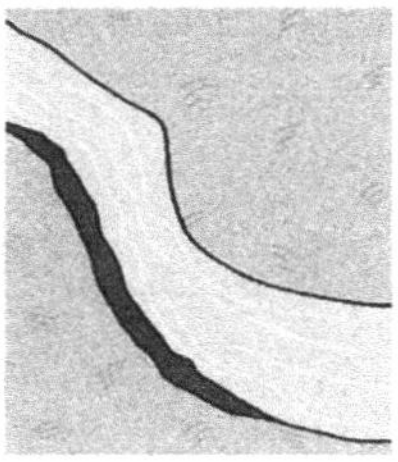

□iver

e　　　l　　　r

（3）

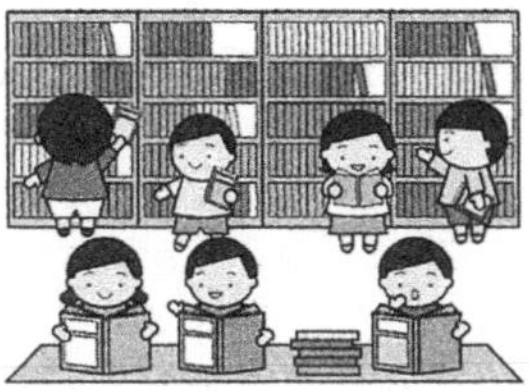

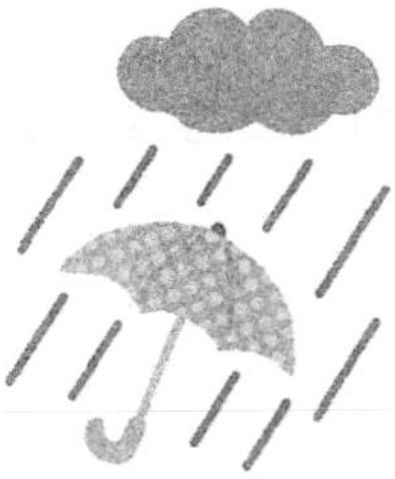

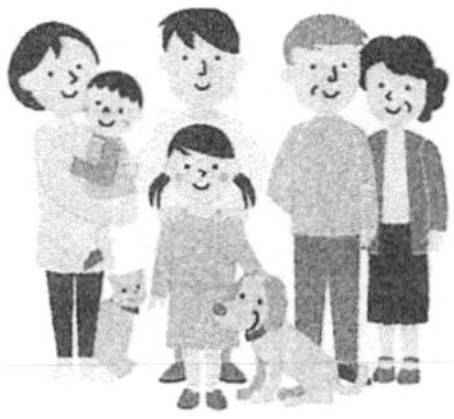

librar□　　rain□　　famil□

g　　h　　y

（4）

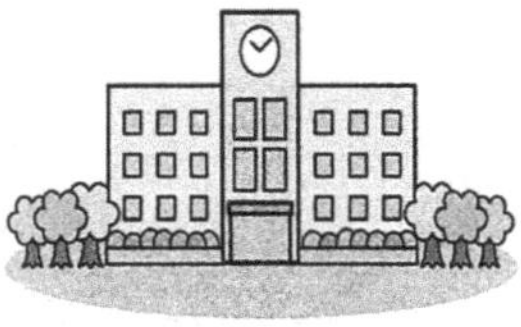

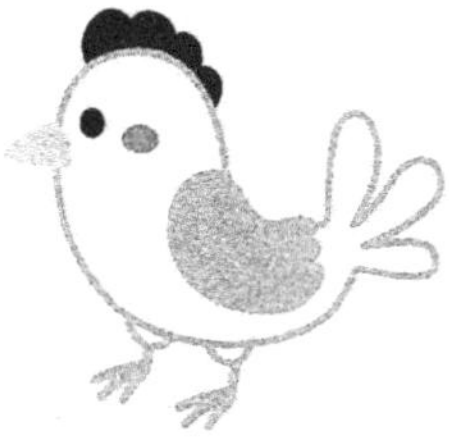

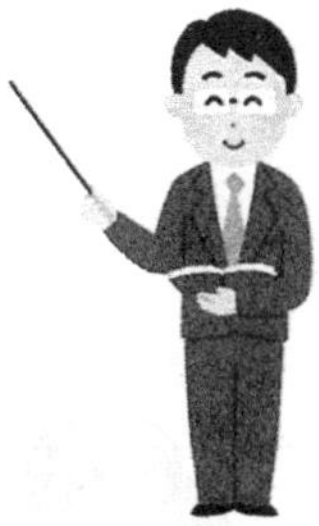

s□ool　　□icken　　tea□er

ch　　th　　sh

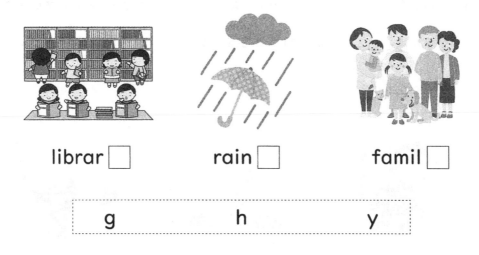

5　次のクイズの問題を読んで，あとの（1）～（4）の質問に答えなさい。

I live in the sea.

I am brown, red, or white. I can change* my body color.

I have three hearts*, and nine brains*.

I use eight legs and eat small fish and shells*.

What am I?

注　change　変える　　heart　心臓　　brain　脳　　shell　貝

（1）このクイズで問われている「私」はどこに住んでいますか。日本語で答えなさい。

（2）「私」ができることは何ですか。日本語で答えなさい。

（3）「私」は心臓を何個持っていますか。数字で答えなさい。

（4）「私」は何ですか。英語で答えなさい。

令和５年度

野田学園中学・高等学校
入　学　試　験　問　題
〈一　般　入　試〉

国　語

（50分／100点）

〈　注　意　〉

1　指示があるまで，開いてはいけません。

2　答えは，すべて解答用紙に記入しなさい。

3　問題は 一 から 五 まであります。

4　字数が指定されている問題は，句読点（「。」「、」）やかぎかっこ（「　」），アルファベットや数字なども，１字として数えなさい。

2023(R5) 野田学園中
教英出版

一　次の文章を読んで、あとの問いに答えなさい。

〔中学生最後の試合を終えバスケットボール部を引退した「俺《おれ》」は、人が足りなくて困っている駅伝チームのメンバーを引き受けた。〕

記録会の結果はいまいちだったし、今のところ俺がチームで一番遅《おそ》い。俺は今まで以上に身を入れて練習に励《はげ》んだ。みんなより速くなるのは無理にしても、ある程度まで近づいておきたい。引き受けたからには、あいつに頼《たの》んで失敗だったとなっては困る。

記録会の次の日から、駅伝練習の後、校舎周りをジョグして筋トレをするのが俺の日課になっていた。本当はもっと追い詰《つ》めたいところだけど、桝井《ますい》に身体を休めるのも大事だと指摘《してき》されて緩《ゆる》めのメニューで我慢《がまん》している。俺と同じように陽気で冗談《じょうだん》だってとばすのに、桝井の言うことには妙《みょう》な説得力があった。部長だからなのか、俺たちのことを驚《おどろ》くほどよく見ている。そのせいか、桝井には素直に従ってしまう。

「ジローがんばるな」

みんなの下校を見送ると、1小野田《おのだ》はグラウンドの隅《すみ》で筋トレをする俺の隣《となり》にやってきた。

「まあな。なかなか速くなんないけど」

俺は腹筋をしながら答えた。桝井に走りこむのは控《ひか》えろと言われ、何をするべきか困っていたところに「体幹を鍛《きた》えると安定して走れる」と、設楽《したら》が遠慮《えんりょ》がちに教えてくれたのだ。弱々しく見えて、設楽は俺の何倍も走ることに詳《くわ》しい。

「ジローが入ってチームも上々だな」

小野田はズボンが汚《よご》れるのも気にせず、俺の横に座りこんだ。

「上々なわけないよ。俺のおかげでメンバーがそろったってだけで、俺が不安材料だ」

腹筋二十回の次は背筋だ。俺はうつぶせに身体をひっくり返した。

「駅伝なんて速さだけじゃないだろ？」

「でも、2参加することに意義があるっていうものでもないしな」

練習をすればしただけ、甘《あま》いものではないということを思い知らされた。生徒会書記に学級委員に実行委員。いろんなことをやってきたけど、そういうのとは違《ちが》う。次に誰《だれ》かが待っているというのは、怖《こわ》いことだ。一つのものをみんなで繋《つな》いでいくのは、とんでもない重圧がある。今までと同じような、何だってやってみればいいという意気ごみだけで乗り切れるものではない。

「あんまり思いつめるなよ」

小野田は俺の背中に向かって言った。

「わかってる」

喜ばしいことなのか、俺は思いつめるほど物を考えたりしない。だから、明らかにみんなより劣《おと》っているタイムをひっさげて、毎日練習に参加しているのだ。

「楽しんでやるのがジローのいいところなんだからな」

「ああ。って、先生も大変だな」

小野田の励《はげ》ましに俺は思わずつぶやいた。

メンバーを集めるために俺にまで声をかけ、駅伝練習が始まったと思えば、不良の大田に変わり者の渡部《わたべ》に速くもない俺。自分のクラスの厄介《やっかい》な生徒を気にかけなきゃいけない。

「何がだ？」

「いろいろだよ。いろいろ」

「そっか。そうだよな。朝から大声出して授業して、部活して、結構肉体労働だもんな」

小野田は見当違いのまま納得すると、

「まあ、駅伝だって何だってジローが入れば正しい方向に行くから、こっちは安心だけど」

と、腹筋のために身体を仰《あお》向けに戻した俺の顔を見て言った。

3 正しい方向？いや、楽しいの聞き間違えか。周りを陽気にするのが、俺の特技なのだから。

「そうだな。ムードメーカーとしてはおおいにがんばっちゃうよ」

俺は歯切れよく言うと、最後のセットの腹筋に取りかかった。

4 二回目の記録会は十分五十八秒。三回目で十分五十五秒。そして、今日。最後の記録会で十分四十三秒が出た。少しずつだけど、記録は上がっている。本番まで二週間。なんとか駅伝メンバーの一人だと言っても恥《は》ずかしくない走りができるようになってきた。それと同時に、俺は走ることを好きになっていた。身体を動かすのは性《しょう》に合っているし、毎日やることがあるというのがいい。もし駅伝に参加していなかったら、部活も引退して退屈《たいくつ》になっていたはずだ。ただ授業を受けて、ひたすら受験に向かうなんてとんでもない。

「さあさあ、みんなお疲《つか》れ。今日もなかなかいい走りしてたよ」

俺たちがテントの中で休憩《きゅうけい》していると、いつものように母親がやってきた。学校行事が大好きな母親は、体育祭や合唱祭はもちろん練習試合にだって応援《おうえん》にやってくる。
「だから、ただの記録会で来るなって言ってるだろう」
俺が顔をしかめるのなど一向にかまわず、母親はクーラーボックスをテントの中に遠慮《えんりょ》なく置いた。
「いいじゃないの。せっかく息子が走るんだもん。ねえ、先生」
「そうですね。いつも来ていただいてありがたいです」
上原がそうやっておだてるから、母親は調子に乗って来るのだ。俺はますます顔をしかめた。
「本当は父ちゃんにも声かけたんだけど、本番見に行くんだからいいだろうって、まだ寝《ね》てるのよ。付き合い悪いったらないよね。さ、飲んで飲んで」
母親はせっせと紙コップにアクエリアスを入れて、みんなに配った。
記録会は昼で終わるから、俺たちは競技場で簡単に昼ご飯を食べてから帰る。その時に毎回母親が大量の差し入れを持ってくるのだ。
「ほら、先生も飲んで。先生は、えっと、これだ。はいお茶」
「すみません、私にまで気を遣《つか》っていただいて」
上原は緑茶を受け取ると、ぺこりと頭を下げた。
「当然当然。面倒《めんどう》見てもらってるんだから。あ、ちょっと、5あんた、また眉毛《まゆげ》いじったんじゃない?」
母親は大田の前髪《まえがみ》を乱暴にかき上げた。
「いや違うって」
「違うって、前より薄《うす》くなってるじゃないの」
「気のせい気のせい」
さすがの大田も他人の母親には弱いのか、おろおろと手で眉を隠《かく》した。
「気のせいのわけないでしょう。そんなに剃《そ》って、どう見ても平安時代の人だわ。ね、先生。とにかくもう触《さわ》るんじゃないよ」
母親からしたら、大田だって俺と同じ中学生なのだ。誰《だれ》にでもダメ出しができる。母親っていうのは強い。
「わかってるって」
大田はしぶしぶうなずいた。
6「世話の焼ける子がそろって、先生も本当お疲《つか》れさんだね。あ、そうそう、レモンのはちみつ漬《づ》け持ってきたんだった」

アクエリアスを配り終えた母親は、次はタッパーを出してきた。

「おお、僕《ぼく》、おばちゃんのはちみつレモン好き」

俊介《しゅんすけ》は右手にカロリーメイトを握《にぎ》ったまま、左手ではちみつレモンをつまんだ。

「そりゃよかった。すっきりするからね」

「ありがとうございます」

桝井もレモンを手にした。母親のお節介《せっかい》には恥ずかしくなるけど、みんながおいしそうに食べているのを見るのは息子としては気分がいい。

「ほら、あんたは早く眉毛が生えるように、人の二倍食べなさい」

母親は大田の口に無理やりレモンを押《お》しこんだ。

「ちょっと、すっぱいって。ああ、もう、自分のペースで食わせろよ」

レモンで口をいっぱいにされ、大田は目を細めた。

「あんたは食べないの?」

母親は渡部にも声をかけた。

渡部はテントに入らず、俺たちと少し離《はな》れたところで弁当を広げている。試走の時でも記録会の時でも、昼ごはんを食べるとなると、渡部は俺たちと距離《きょり》を取る。持ってきている弁当がしょぼいわけではない。カロリーメイトやウイダーインゼリーやバナナにおにぎり。そんな適当なものを持ってきている俺たちと違《ちが》って、渡部はいつもきちんとした弁当を作ってもらっていた。

「いや結構です」

渡部は首を振った。

「遠慮《えんりょ》してんの?」

母親がでかい声で言うのに、渡部は「いえ、いらないんです」ともう一度断った。前、俺が勧《すす》めた時だって、渡部は口にしなかった。我が家のはちみつレモンなど、食べるべきものじゃないと判断しているのだ。

「あいつお坊《ぼっ》ちゃんだから、こういうださい物、食わないんだ」

「あんたね、7なんでも簡単に人のことを片付けんじゃないって」

嫌味《いやみ》っぽく言う俺の頭を母親はいきおいよくはたいた。

「何すんだ。今ので馬鹿になっただろう」

「よく言うわ。これ以上あんたが馬鹿になるわけないじゃない」
「どういう意味だそれ？」
俺たち親子が言い合うのに、みんなは大笑いした。大田だって口元が緩んでいる。
参加してよかった。やっぱりみんなと何かをするのは最高に楽しい。俺も「馬鹿は遺伝だ」と言いかえしてから、
[　　　　　　　　]。

（瀬尾　まいこ『あと少し、もう少し』新潮文庫刊）

※　ジョグ　＝　ジョギングのことで、息が切れないくらいの速さで走る運動。
筋トレ　＝　筋力トレーニングのことで、筋肉の力を増やすためにする運動。
体幹　＝　首から上と腕《うで》・足を除いた体の部分のこと。
クーラーボックス　＝　持ち運びができるバッグ型の保温箱のこと。
アクエリアス　＝　汗《あせ》をかいた後に、水分やミネラル、ビタミン、糖分などを補うための飲み物の商品名。
タッパー　＝　プラスチック製で、ふたで密封《みっぷう》できる容器の商品名。
カロリーメイト、ウイダーインゼリー　＝　栄養補助食品の商品名。
ださい物　＝　古くさく、かっこ悪い物のこと。

問一　――線部**1**「小野田はグラウンドの隅で筋トレをする俺の隣にやってきた」とありますが、「小野田」は「俺」にとってどのような立場の人ですか。八字以上十二字以内で答えなさい。

問二　――線部**2**「参加することに意義があるっていうものでもないしな」とありますが、この言葉から読み取れる「俺」の気持ちとして最も適当なものを、次の**ア**～**オ**から選び、記号で答えなさい。

ア　メンバーを引き受け大会に参加するだけで、十分に責任を果たしたことになる。
イ　メンバーとして参加するだけでなく、自分の記録を伸ばすことにも挑戦したい。
ウ　メンバーとして参加するが、人数合わせのためだから、完走すればそれでよい。
エ　メンバーを引き受けたものの、たすきをつないでいく責任はとても重いものだ。
オ　メンバーを引き受けたからには、学校の名誉《めいよ》のために大きな貢献《こうけん》をしてみたい。

問三　――線部3「正しい方向？いや、楽しいの聞き間違えか」とありますが、「ジロー」がそのように感じたのはなぜですか。本文中の表現を使って、三十五字以内で答えなさい。

問四　――線部4「二回目の記録会は十分五十八秒」とありますが、この一文から物語の後半が始まります。前半の場面は「学校のグランド」でした。後半の場面はどこですか。本文中からぬき出して答えなさい。

問五　――線部5「あんた、また眉毛いじったんじゃない？」とありますが、「母親」は「眉毛をいじった」顔のことを、どのようなたとえを使って言っていますか。本文中から六字でぬき出して答えなさい。

問六　――線部6「世話の焼ける子」とありますが、同じ意味内容を表している表現を物語の前半から五字でぬき出して答えなさい。

問七　――線部7「なんでも簡単に人のことを片付けんじゃないって」とありますが、「母親」は「俺」のどういうところをしかったのですか。それを説明した次の文の［A］・［B］・［C］に当てはまる言葉を本文中からぬきだして答えなさい。ただし［A］は二字、［B］・［C］は五字で答えなさい。

・［A］にどんな事情があるのかをよく知りもしないのに、［B］と［C］一方的に決めつけたところ。

問八　［　　］に入る表現として最も適当なものを、次のア～オから選び、記号で答えなさい。

ア　みんなをにらんだ　　イ　けらけら笑った　　ウ　母親をはたいた　　エ　ぷんぷん怒った　　オ　ちょっぴり微笑《ほほえ》んだ

二　次の文章を読んで、あとの問いに答えなさい。

いくら耳を澄《す》ますといっても、それによって聴《き》こえてくるのは、あくまで自分の耳が捉《とら》えることのできた音でしかありません。当たり前のことと思われるかもしれませんが、あなたが聴き取ったその音は、［A］なものなのです。その典型例のひとつが、聴き間違《まちが》い、いわゆる「空耳」です。

たとえば、外国語の歌を聴いていて、あるフレーズが、ふと日本語の言葉に聴こえてしまうことがあります。意味をなさない音の連なりにしか聴こえない歌詞が、別の言葉のように聴こえてしまうことで「空耳」が生じるのですが、そこには、1聴き手の無意識が露《あら》わになってしまう面白さがあります。

テレビ番組『タモリ倶楽部《くらぶ》』（一九八二〜）で人気コーナーとなっている「空耳アワー」の先駆《さきが》けとなった『タモリのボキャブラ天国』（一九九二〜二〇〇八）で紹介《しょうかい》された名作を例示しておきましょう。山下達郎《たつろう》のクリスマスソング「クリスマス・イブ」（一九八三）には、「雨は夜更《よふ》けすぎに雪へと変わるだろう」という歌詞がありますが、それが「兄は夜更けすぎにユキエと変わるだろう」と聴こえたという例です。このケースは、女装男性を私たちが見慣れてきた時世を反映しているように思うのは、うがちすぎでしょうか。

こうした歌詞の聴き間違いは、実際の歌詞と違っているとはいえ、そのように聴こえてしまったという事実は打ち消しようがありません。

ある歌詞を別様に聴いてしまうということは、自分がそのように聴きたかったということもできます。それを可能にするような知識や経験が、自分の中にあったということです。もともと空耳とは幻聴《げんちょう》を意味していましたが、「空耳アワー」では、歌詞をどう聴き間違えてしまったかを楽しんでいます。言われてみれば確かにそうも聴こえるという発見が、おかしみを生むのです。

聴こえてきた音から内面に世界を描《えが》いてしまう特性を音楽として活用しているのが、［B］を描写《びょうしゃ》する楽曲です。たとえばリヒャルト・ワーグナー（一八一三〜八三）の楽劇『トリスタンとイゾルテ』（一八六五初演）は、自然界の音を楽器で模倣《もほう》し、聴き手に［C］を想像させます。ティンパニが雷鳴《らいめい》のようにとどろき、弦楽器《げんがっき》がさかまく波のようにうねり、メロディーが高音へ昇《のぼ》ってゆくパートがありますが、それは、嵐《あらし》のただ中にあってトリスタンとイゾルテの愛が高まってゆく様子を感じさせます。幾種類《いくしゅるい》もの楽器の豊かな響《ひび》きが、雷《かみなり》や波のうねりといった自然現象を想起させ、流れる旋律《せんりつ》が中世の騎士《きし》と妃《きさき》の物語を思い起こさせるのです。

あるいはベートーヴェンの交響曲《こうきょうきょく》『田園』（一八〇八）の、あの荒々《あらあら》しく演奏される部分を聴けば、誰《だれ》もが嵐を脳裏に浮《う》かべることになります。楽器の豊かな響きが、実際の嵐や物語として知っている情景の記憶《きおく》を呼び覚ますのです。

一方で逆に、音によって情報の印象が変えられてしまうことがあります。聴覚《ちょうかく》と空間認識、音の周波数と情動は密接に関連しています。たとえば教会内に響くような高く澄《す》んだ音は、天上界をイメージさせます。逆に重く沈《しず》んだ低周波の音は、不安や恐怖《きょうふ》を感じさせます。2周波数の高低が、上下方向の体感に比例するがゆえに、BGMとして流される音程によって、天上界をも地獄《じごく》をも感じさせることができるのです。

それゆえ、本来は3無音の画面の背景に、送り手が意図的に情緒《じょうちょ》を決定づける音を流す演出は、実は恐《おそ》ろしい影響力《えいきょうりょく》をもっているのです。ひとつの画面が、音楽次第で、楽しそうにも悲しそうにも見えてしまうからです。テレビもラジオも無音の状態を許さないシステムです。だから常に音が流されている。そしてそれはドラマの演出だけでなく、科学や報道など事実を伝える画面にも適応されます。たとえば、実際には無音である夜空のオーロラの画面には、たいてい、それらしい電子音が付けられて放送されます。その映像と音声に、私は無意識に慣れてしまっています。だから、たぶんいつの日か本当にオーロラを見たら、静寂《せいじゃく》の世界にいながらも、私は頭の中でそれらしい電子音を再生してしまうことでしょう。そのとき頭の中に鳴っている音楽の再生を止めることは、おそらく容易なことではないでしょう。それくらい条件反射として洗脳されていると思います。

オーロラくらいなら、それもいいでしょう。しかしそれが報道のドキュメンタリー画面の場合は、重大な意図が忍《しの》び込《こ》みます。送り手の誘導《ゆうどう》に沿って、画面を解釈《かいしゃく》してしまうからです。音楽による情動操作は、その情報の印象に大きな影響を及《およ》ぼし、判断を歪《ゆが》めてしまいます。BGMに慣れ切っている者は、情動を操作されていることに気づきにくいのです。ことに、こんなにうるさい国で生活する者は、そのことにいっそう無頓着《むとんちゃく》であるかもしれません。聴こえていることに気づかない生活、耳を澄ませて聴くことを軽んじる習慣が、自分を音による操作に対して無防備で4危険な状態に追い込むことになるからです。

（加藤　博子『五感の哲学　――人生を豊かに生き切るために』　設問の都合上、本文を変更した部分があります）

※　うがちすぎ　＝　物事のとらえ方が深入りしすぎて、かえって本質から遠ざかること。
　　別様　＝　様子・様式などが他と異なっていること。
　　洗脳　＝　個人の思想や価値観などを、何らかの外部の働きによって改変させること。

問一　本文中の［A］に当てはまる言葉として最も適当なものを、次のア～エから選び、記号で答えなさい。

ア　客観的　　イ　主観的　　ウ　論理的　　エ　具体的

問二　――線部1「聴き手の無意識が露わになってしまう」とありますが、ここではどのようなことを表していますか。最も適当なものを、次のア～エから選び、記号で答えなさい。

ア　空耳には、聴き手の持っている知識や経験が自分で気づかないうちに表れるということ。
イ　空耳には、見慣れてきた時世が人々の気づかないうちに反映されているということ。
ウ　日本語には、外国語と間違えやすい音の連なりが気づかないうちに表れてくるということ。
エ　日本語には、気づかないうちに聴き間違えてしまう言葉が多くあるということ。

問三　本文中の［B］・［C］には同じ言葉が入ります。当てはまる言葉を本文中から二字でぬき出して答えなさい。

問四　――線部2「周波数の高低が、上下方向の体感に比例する」とはどういうことですか。五十字以内で説明しなさい。

問五　――線部3「無音の画面の背景に、送り手が意図的に情緒を決定づける音を流す演出」とありますが、同様の内容を述べた部分をこれより後の部分から九字でぬき出して答えなさい。

問六　――線部4「危険な状態」とありますが、この場合、それを避《さ》けるにはどうしたらよいと考えられますか。最も適当なものを、次のア～エから選び、記号で答えなさい。

ア　報道画面に流れるBGMを耳を澄ませて聴くことで、自分の知識や経験を自覚すること。
イ　情報の内容と報道画面に流れるBGMとがぴったり合っているかどうか、自分で判断すること。
ウ　聴こえてきた音から内面に世界を描いてしまう特性を意識しながら、情報を受け取ること。
エ　報道される情報の意味を、送り手のBGMに誘導されずに自分の判断で解釈すること。

三 次の(1)~(15)の――線部のカタカナは漢字に直し、漢字には読みがなをひらがなで書きなさい。

(1) 宇宙にカンシンを持つ。
(2) ヨキせぬ出来事が起こる。
(3) どんぐりをヒロう。
(4) 美しい山々がツラなる。
(5) フイをつかれて驚く。
(6) シンソウを明らかにする。
(7) 彼《かれ》のコウセキをたたえる。
(8) 草木がメを吹く。
(9) 方言のブンプを調べる。
(10) 在庫のウムを確認する。
(11) きびしい口調で責める。
(12) 元気に戸外で遊ぶ。
(13) 年長者を敬う。
(14) よい兆しが見える。
(15) 風情のある景色だ。

四 次の(1)~(5)のア~オの中には、それぞれ一つだけ言葉の働きが違うものがあります。その記号を答えなさい。

(1) ア 制服　イ 富士山　ウ 映画　エ バッタ　オ 時計
(2) ア きれいだ　イ 元気だ　ウ 暖かだ　エ 便利だ　オ 学校だ
(3) ア こちら　イ それ　ウ この　エ これ　オ そちら
(4) ア 長い　イ 明るい　ウ 正しい　エ 温める　オ 黄色い
(5) ア 読み　イ 寒さ　ウ 欲しい　エ 近く　オ 笑い

五 次の(1)~(6)の（　　）に当てはまる言葉として最も適当なものを、後のア~カからそれぞれ選び、記号で答えなさい。

(1) 夏休みの間は、（　　）生活のリズムが乱れがちになる。
(2) 彼は急に黙《だま》り込《こ》んでしまった。しかし彼の（　　）ことはわかった。
(3) 審判《しんぱん》に暴言を吐《は》くなんて、スポーツ選手として（　　）態度だよ。
(4) 子供では（　　）、自分のことは自分でするようにしなさいね。
(5) もしそうであれば（　　）ですね。いったん打ち切りにしましょう。
(6) 英語は（　　）、フランス語やスペイン語も話せるそうですよ。

ア あるまいし　イ あるまじき　ウ いわずもがな
エ いわんとする　オ やむをえない　カ ややもすると

令和５年度

野田学園中学・高等学校
入 学 試 験 問 題
〈一　般　入　試〉

算　数

（50分／100点）

〈 注　意 〉

1　指示があるまで，開いてはいけません。

2　答えは，すべて解答用紙に記入しなさい。

3　問題は [1] から [4] まであります。

1 次の（１）～（10）の問いに答えなさい。

（１）$96\div8+39-6\times3$ を計算しなさい。

（２）$20.7\div0.9+0.6\times45$ を計算しなさい。

（３）$\frac{11}{15}-\left(\frac{1}{4}+\frac{5}{6}\right)\times\frac{8}{39}$ を計算しなさい。

（４）$0.8\div\frac{16}{45}\times\frac{8}{15}-0.35$ を計算しなさい。

（５）次の□にあてはまる数を求めなさい。

$$2\times(35\times\square-15)+2+123\times4=1234$$

（６）ケーキをまとめて３個以上買うと全体の値段の20％引きになるケーキ屋があります。そのケーキ屋でショートケーキを５個買うと1800円になりました。ショートケーキ１個のもとの値段は何円か求めなさい。

（７）時速50kmで走る自動車があります。この自動車が３時間54分走ると，進む道のりは何kmか求めなさい。

（8）下の図のような円があります。このとき，色をぬった部分の面積を求めなさい。
ただし，円周率は3.14とします。

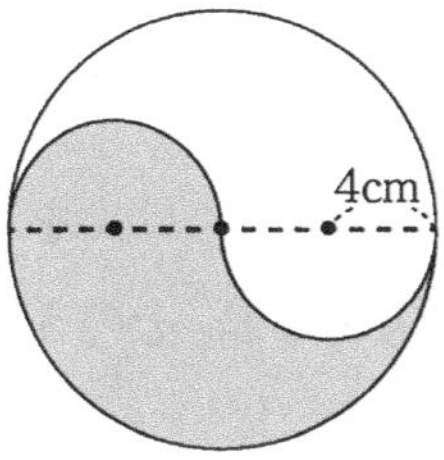

（9）下の図はある立体の展開図です。この立体の体積を求めなさい。ただし，方眼の１ますは，１辺が１cmの正方形とします。

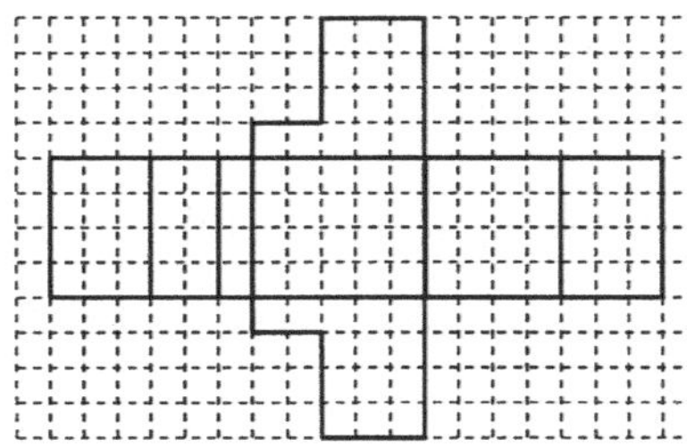

（10）下の図は，先週と今週の月曜日から土曜日までに，図書室で貸し出された冊数を曜日ごとに表にまとめたものです。この表から読み取れることとして，正しいものを下の**ア**～**オ**からすべて選び，記号で答えなさい。

	月	火	水	木	金	土
先週	10	8	10	7	4	9
今週	2	8	12	9	6	13

ア　先週と今週を合わせて，貸し出された冊数が一番少ない曜日は木曜日である。
イ　今週貸し出された冊数の20％が月曜日と火曜日で貸し出されている。
ウ　今週貸し出された冊数は，先週より５冊以上多い。
エ　先週の火曜日に本を借りた人は，今週の火曜日も本を借りている。
オ　水曜日から金曜日までで，１日当たりの貸し出された冊数の平均は，今週の方が多い。

2 じゃんけんをしたとき，「あいこ」になる手の出し方について，太郎さん，花子さん，先生の３人が会話をしています。次の会話を読んで，［ア］～［ク］にあてはまる数を求めなさい。

先生「Aさん，Bさんの２人で１回だけじゃんけんをするときを考えてみよう。２人の手の出し方は全部で［ア］通りあるね。そのうち，Aさんが勝つのが［イ］通り，Bさんが勝つのも［イ］通りだね。」

太郎「『あいこ』になるのも［イ］通りですね。」

先生「そうだね。では，今度はAさん，Bさん，Cさんの３人で１回だけじゃんけんをするときを考えてみよう。３人の手の出し方は全部で何通りかな。」

花子「はい，先生。［ウ］通りです。３人でじゃんけんをすると，誰か１人だけが勝つ『１人勝ち』になることと，誰か２人が勝つ『２人勝ち』になることがありますね。」

先生「そうだね。では，『１人勝ち』になる手の出し方が何通りあるか，考えてみよう。」

太郎「３人の中の誰が，グー，チョキ，パーのどの手で勝つかを考えたらいいので，全部で［エ］通りあります。」

先生「そうだね。では，『２人勝ち』になる手の出し方が何通りあるか，考えてみよう。」

太郎「誰と誰が，何の手で勝つかを考えたらいいので…。」

花子「待って。『２人勝ち』ということは，『１人負け』ということだから，『１人勝ち』と同じだけ手の出し方があるのじゃないかなあ…。」

先生「そのとおり。いいことに気がついたね。ということは，『２人勝ち』となる手の出し方も［エ］通りだね。では，『あいこ』となるのは何通りだろう。」

太郎「すべての手の出し方から，『１人勝ち』と『２人勝ち』の手の出し方を引いたらいいので，［オ］通りです。」

先生「そうだね。では，最後に，Aさん，Bさん，Cさん，Dさんの４人で１回だけじゃんけんをしたときのことを考えてみよう。４人の手の出し方は，全部で［カ］通りだね。」

太郎「今度は，『１人勝ち』と『２人勝ち』と『３人勝ち』がありますね。『１人勝ち』となる手の出し方は，３人のときと同じように考えると［キ］通りになります。」

先生「そうだね。では，『２人勝ち』となる手の出し方が何通りあるか考えてみよう。

例えば，Ａさんと Ｂさんの２人だけが勝つ手の出し方は何通りあるかな。」

太郎「グーで勝つかチョキで勝つかパーで勝つかの３通りです。」

先生「そのとおり。それと，勝つ２人の選び方が何通りあるかを考えたら，『２人勝ち』となる手の出し方が何通りあるかわかるね。では，『あいこ』となる手の出し方は何通りかな。」

花子「『３人勝ち』となる手の出し方が何通りかもわかるから，『あいこ』になる手の出し方は ク 通りです。」

3 学校にたてが１m，横が２mの長方形のたたみが100枚と，１辺が１mの正方形のたたみが１枚あります。このたたみのしき方について，太郎さん，花子さん，先生の３人が会話をしています。次の会話を読んで，あとの（１），（２）の問いに答えなさい。

先生「長方形のたたみを，学校の茶道教室にしきましょう。
　　茶道教室のゆかは，１辺が３mの正方形の形をしています。」
太郎「先生，長方形のたたみだけだと，しきつめることはできないと思います。」
先生「そうですね。こういうときは，たて１m，横１mの正方形のたたみを１枚つかって**図１**のようにしきます。」

図１

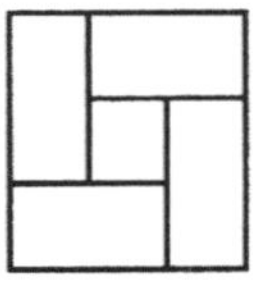

図２

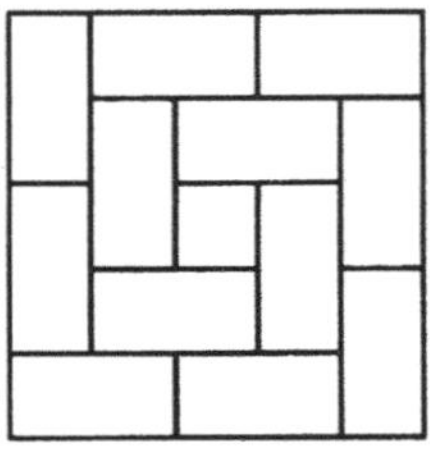

図３

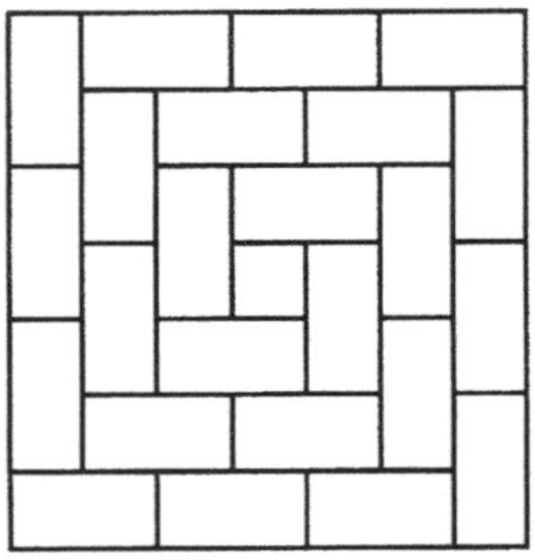

太郎「なるほど。」
花子「**図２**，**３**のように，**図１**のようにしいたたたみの周りに長方形のたたみを２周目，３周目と付け加えていくと，大きい正方形の形にしくこともできるね。」
先生「すばらしい発想ですね。４周目を付け加えたときは，長方形のたたみは全部で何枚必要かな。」
太郎「ええと，［ア］枚ですね。」
先生「正解です。２周目，３周目，…と１周増えるごとに，付け加えるたたみの数は［イ］枚ずつ増えていることがわかりますね。」
花子「先生，このように周りに長方形のたたみを付け加えていくことによって，最大でたてと横の長さが何mの正方形のかたちがしけるのでしょうか。」
先生「おお，なかなか難しいですね。太郎さん，がんばって計算してみましょう。」
太郎「１周ごとに正方形のたてと横の長さは［ウ］m増えているので…。たてと横の長さが［エ］mの正方形が最大になると思います。」
先生「正解です。よくがんばりましたね。」

太郎「やったあ。」

先生「ではここで再び先生から問題です。」

太郎「え，やっと解けたばかりなのに。」

先生「学校には正方形の形をしていないゆかの部屋もあります。**図4**のようなたて2m，横3mの長方形の形をしたゆかの部屋にたたみをしく方法は全部で何通りあるかな。」

太郎「簡単ですね。[オ]通りです。」

先生「そのとおりです。簡単すぎましたかね。では，**図5**のような形をしたゆかの部屋だと，長方形のたたみのみをつかってしく方法は全部で何通りあるかな。」

太郎「これは難しいなあ。」

花子「さっきの**図4**がヒントになっているのかなあ。」

図4

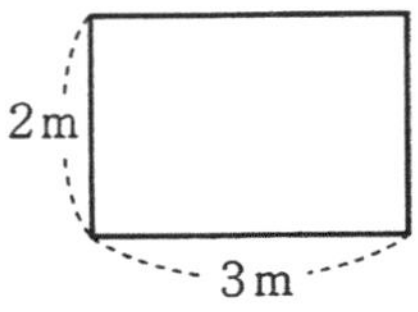

図5

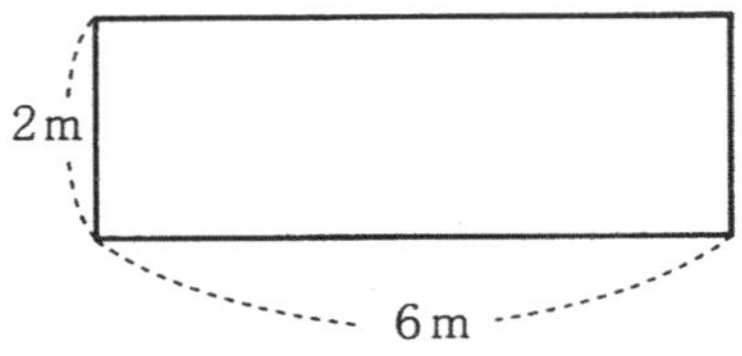

（1）[ア]～[オ]にあてはまる数を求めなさい。

（2）**図5**のような形をした部屋のゆかを，長方形のたたみのみをつかってしく方法は全部で何通りあるか求めなさい。

4 次の文章を読み，あとの（1）～（3）の問いに答えなさい。

正多角形の中におたがいが交わらない対角線を引いて，正多角形を三角形に分ける方法が何通りあるかについて考えます。

正四角形(正方形)ＡＢＣＤの中に，１本の対角線を引いて２個の三角形に分ける方法は，**図1**のように２通りとなります。

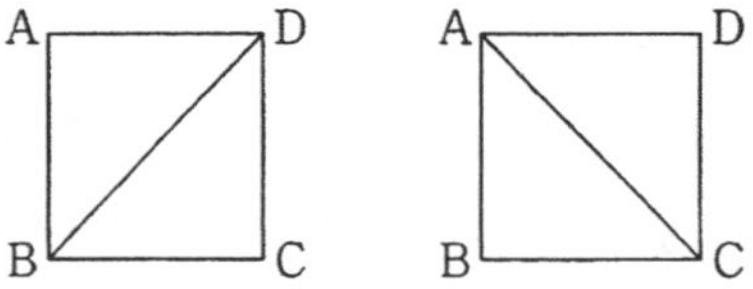

図1

正五角形ＡＢＣＤＥの中に，おたがい交わらない対角線を２本引いて３個の三角形に分ける方法について考えます。まず，**図2**～**図4**のように，３個の三角形のうち，辺ＣＤを含む三角形は３通りあります。

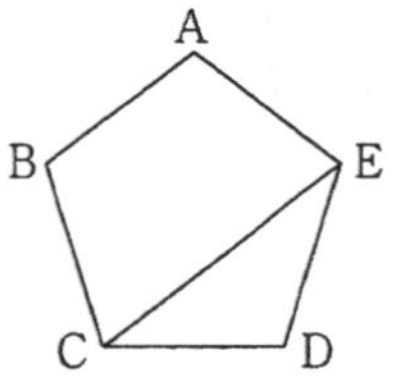

図2

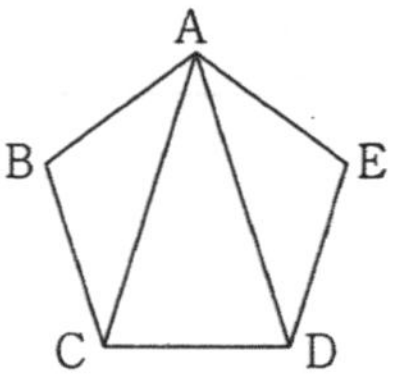

図3

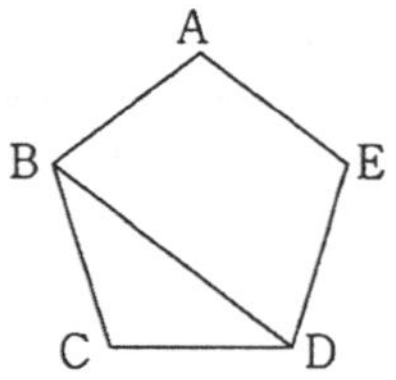

図4

図2の三角形ＣＤＥを含む場合の分ける方法は［ア］通り，**図4**の三角形ＣＤＢを含む場合の分ける方法は［イ］通りあることに注意すると，正五角形ＡＢＣＤＥを分ける方法は全部で［ウ］通りとなることがわかります。

正六角形ＡＢＣＤＥＦの中に，おたがいに交わらない対角線を３本引いて４個の三角形に分ける方法を考えます。

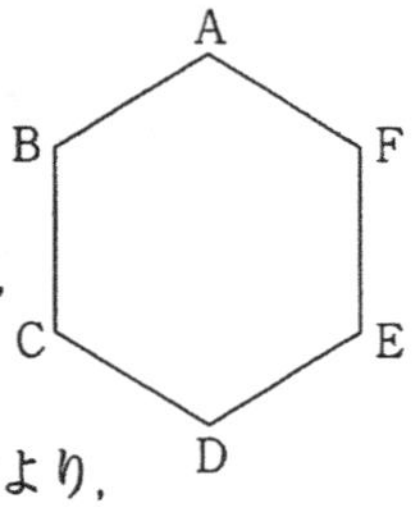

まず，辺ＣＤを含む三角形は，三角形ＣＤＥ，［①］の［エ］通りあります。三角形ＣＤＥを含む場合，三角形に分ける方法は，［オ］通りあります。

［①］の三角形を含む場合の分ける方法をそれぞれ考えることにより，正六角形ＡＢＣＤＥＦを分ける方法は全部で［カ］通りとなることがわかります。

（1）［ア］～［カ］にあてはまる数を求めなさい。

（2）［①］にあてはまる三角形をすべて答えなさい。

（3）正七角形ＡＢＣＤＥＦＧの中に，おたがいに交わらない対角線を４本ひいて５個の三角形に分ける方法は何通りか求めなさい。

令和５年度

野田学園中学・高等学校
入学試験問題
〈一　般　入　試〉

英　語

（20分／20点）

〈注　意〉

1　指示があるまで，開いてはいけません。

2　答えは，すべて解答用紙に記入しなさい。

3　問題は［1］から［5］まであります。

4　［1］から［3］はリスニングの問題です。英文はすべて２度放送されます。必要があれば、メモをとってもかまいません。

リスニング問題

※音声と放送原稿非公表

1　次の（1）～（4）の各イラストを参考《さんこう》にしながら英文と応答《おうとう》を聞き，その中から最も適切《てきせつ》なものを１～３から１つ選び，記号で答えなさい。

（1）

（2）

（3）

（4）

２ 次の（１）～（４）の各イラストについて３つの英文を聞き，その中から絵の内容《ないよう》を最もよく表しているものを１つ選び，記号で答えなさい。

（１）

（２）

（３）

（４）

3　次の（1）～（4）の対話と質問を聞き，その答えとして最も適切なものを1～4から1つ選び，記号で答えなさい。

（1）
1 English.　　2 Japanese.
3 Calligraphy.　　4 History.

（2）
1 At 8:15.　　2 At 8:25.
3 At 8:45.　　4 At 8:55.

（3）
1 Zero.　　2 Two.
3 Three.　　4 Five.

（4）
1 A dentist.　　2 A pilot.
3 A doctor.　　4 A nurse.

令和5年度　野田学園中学・高等学校　入学試験〈一般入試〉国語　解答用紙

受験番号	
氏名	
得点	

※100点満点
（配点非公表）

一

問一	問二	問三	問四	問五	問六	問七	問八
						A	
						B	
						C	

小　計

二

問一	問二

小　計

一

問一	問二	問三	問四	問五	問六	問七	問八
						A	
						B	
						C	

小計

二

問一	問二

小計

受検番号

氏名

得点

3

(1)	ア		イ		ウ	
	エ		オ			
(2)	通り					

小　計

4

(1)	ア		イ		ウ	
	エ		オ		カ	
(2)						
(3)	通り					

小　計

4

(1)		(2)	
(3)		(4)	

5

(1)	
(2)	
(3)	月　　日
(4)	

令和５年度　野田学園中学・高等学校　入学試験〈一般入試〉　英語　解答用紙

受験番号		氏　名		得　点	※20点満点 （配点非公表）

1

（1）		（2）	
（3）		（4）	

2

（1）		（2）	
（3）		（4）	

3

（1）		（2）	

【解答

令和５年度　野田学園中学・高等学校　入学試験〈一般入試〉　算数　解答用紙

受験番号		氏　名		得　点	※100点満点（配点非公表）

1

(1)		(2)		(3)	
(4)		(5)		(6)	円
(7)	km	(8)	cm^2	(9)	cm^3
(10)					

小　計

2

ア		イ		ウ	
エ		オ		カ	
キ		ク			

小　計

【解答

問四

問五

問六

三

(1)

(2)

(3) う

(4) なる

(5)

(6)

(7)

(8)

(9)

(10)

(11)

(12)

(13) う

(14) し

(15)

小計

四

(1)

(2)

(3)

(4)

(5)

小計

五

(1)

(2)

(3)

(4)

(5)

(6)

小計

【解答用

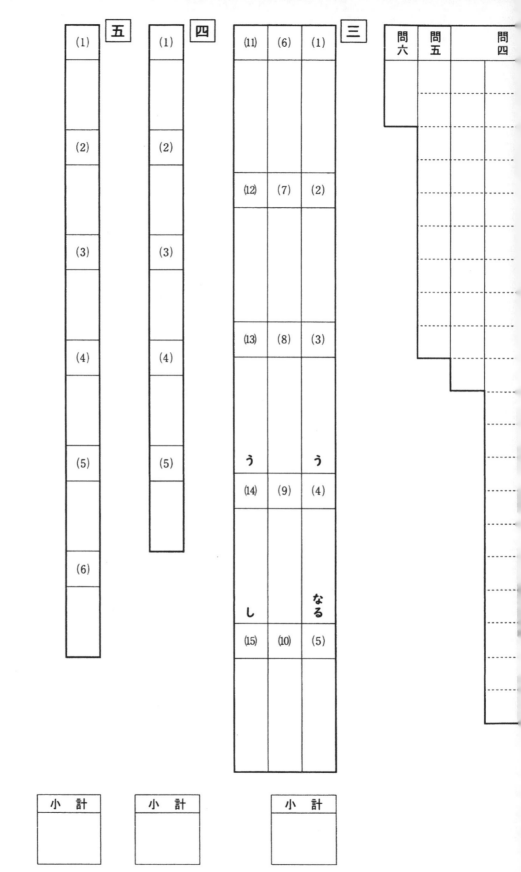

筆記問題

4　次の（1）～（4）の各組の３つのイラストの名前を英語で書くと，単語のはじめの文字は全部同じです。その文字を，下の［　　］から選んで書きなさい。

（1）

s	f	p

（2）

b	d	o

（3）

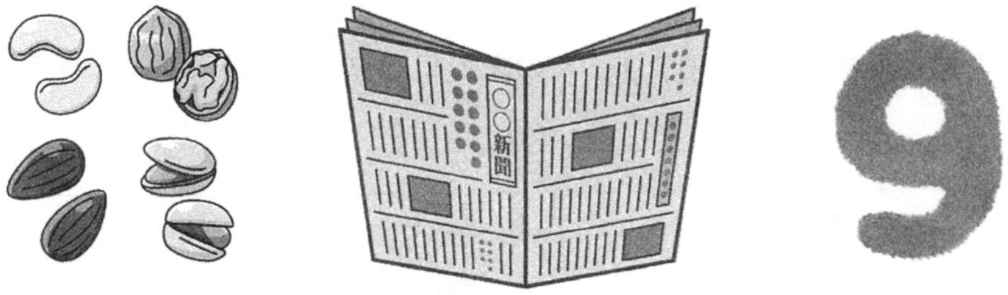

a	m	n

（4）

d	v	u

5 カナは次のように小学校の思い出をアルバムシートに書きました。それを読んで，あとの質問に答えなさい。

Kana

My name is Kana.
My best memory is the school trip.
On May 8 we went to Hiroshima.
I enjoyed seeing deer.
We went to Okayama the next day.
I enjoyed seeing Okayama castle.
We went back to Yamaguchi on May 10.

【注】 deer　シカ　　the next day　次の日　　went back　戻った

（1）カナのいちばんの思い出は何ですか。

（2）カナは広島で何が楽しかったと書いていますか。

（3）カナが岡山に行ったのはいつですか。何月何日か数字で答えなさい。

（4）次の質問に英語で答えなさい。
Where is Kana's school?

令和４年度

野田学園中学・高等学校
入学試験問題
〈一　般　入　試〉

国　語

（50分／100点）

〈注　意〉

※問題は 一 から 五 までであります。答えは，すべて解答用紙に記入しなさい。

2022(R4) 野田学園中
教英出版

一　次の文章を読んで、あとの問いに答えなさい。なお答えるときは、句点（。）読点（、）かぎかっこ（「」）などの記号を、一字と数えます。

私《わたし》がウメ子に初めて会ったのは、幼稚《ようち》園のときだった。ウメ子は神戸《こうべ》の幼稚園から転園してきたとかで、園長先生に連れられて、朝の礼拝《れいはい》に現れた。

私が通っていたのはキリスト教の幼稚園だったので、毎朝、礼拝があった。先生がひくオルガンの音楽に合わせて大教室――と私たちが呼んでいたいちばん大きな部屋――に集まり、クラスごと席につく。と、もうひとりの先生が園児の前に立ち、大きな声で、

「では、みなさん。お祈《いの》りを始めます」

そう言って両手を組み、気取った様子で目をつむる。続いて、園児全員が先生の真似《まね》をして両手を合わせ、目を閉じる。閉じなければいけないことになっていた。その間、前に立った先生がお祈りの言葉を述べるのだ。

「天にまします我らの父よ。今日も皆《みな》がそろってさわやかな朝を迎《むか》えられたことを、感謝いたします」

私は、このお祈りの「まします」という言葉を聞くたびに、マス寿司《ずし》を思い出した。父さんが出張に行くと、よくおみやげに買ってきてくれる、富山《とやま》のあの丸いマス寿司のことである。

「ほら、お前たち、マス寿司だぞ。うれしいか」

父さんが玄関《げんかん》で靴《くつ》を脱《ぬ》ぎながら、片手にぶらさげたマス寿司を振《ふ》ると、決まっておにいちゃんが小躍《こおど》りをする。

「わあい、マス寿司、マス寿司。てーんにましますマス寿司だあ」

おにいちゃんも同じ幼稚園に通っていたので、1先生のお祈りの文句が頭に焼きついていたのである。何でもおにいちゃんと同じことをやっていれば間違《まちが》いないと信じていた私は、同じように調子をつけて、「マス寿司、マス寿司。てーんにましますマス寿司だあい」と言って、小躍りすることにしていた。

だから、礼拝のとき、「まします」と聞くと、吹《ふ》き出しそうになる。それでもいつもは何とか我慢《がまん》することができた。ところがその日にかぎって、どうにも我慢ができなかった。なぜかって、前の晩、父さんが出張から帰ってきて、その小躍りをしたばかりだったのである。

ア

ゆるむ口元を押《お》さえようとすると、ますますおかしさがこみ上げて、肩《かた》が揺《ゆ》れてしまう。先生に見つかったらたいへんだ。どうしよう。これほど困っているのに、2笑いの神様は許してくださらない。さらに苦しくなり、とうとう限界にきた。気を紛《まぎ》らわそうと首の角度をちょっと変えた拍子《ひょうし》に、3ブッと勢いよく口から空気がもれた。まずい。見つかったかもしれない。

[イ]

おそるおそる薄目《うすめ》を開けて、まわりを見渡《みわた》してみた。気づかれたかと思ったが、どうやら大丈夫《だいじょうぶ》そうである。だれも私のほうを見ていない。まずはひと安心。となればついでに、年長組のおにいちゃんも吹き出しているかどうか確かめたくなり、薄目のまま、そっと後ろを振《ふ》り向いた。そのとき、見えたのである。ものすごく派手な赤い服を着た女の子が、ノッポ園長先生に手を引かれて、大教室に入ってくるところを。

[ウ]

ウメ子を初めて見た瞬間《しゅんかん》のことを、どうしてこんなに鮮明《せんめい》に覚えているのか、自分でも不思議でならない。が、とにかくウメ子の歩き方、表情、そして何よりその赤い服が衝撃的《しょうげきてき》だった。赤といっても、4並の赤ではない。郵便ポストより、赤いクレヨンよりも赤い。しいて言えば、お雛様《ひなさま》を飾《かざ》るときに使う毛氈《もうせん》の赤か、クリスマスリースに巻くビロードの赤いリボンの赤に似ていた。しかも、その真っ赤なエプロンドレスの下に着ている、衿《えり》の大きくふくらんだブラウスがまた、赤だった。そちらは色が赤いだけでなく、テカテカと光っていて、ウメ子が動くたびに、シャリシャリ音を立てた。

私は薄目を開けたまま、後方から近づいてくるウメ子を見つめた。それほど派手な女の子にしては、いやな感じではない。歩き方は少しだけ内股《うちまた》だが、しゃきっとしていて、童話に出てくる小さなお姫《ひめ》様のように見えた。ちょうどウメ子が私の席の真横を通ろうとしたとき、

「前を向いて、目を閉じなさい」

耳元で低い声が響《ひび》き、園長先生の大きな手が、私の頭の上にゆっくりと置かれた。

[エ]

慌《あわ》てて目を閉じたとたん、「アーメン」という声が聞こえ、お祈りが終わった。ウメ子が園長先生と並んで、みんなの前に立っている。

「それではみなさん、新しいお友達を紹介《しょうかい》しましょう。河合《かわい》ウメ子ちゃんです。今日からうさぎ組のお仲間になります。ごあいさつは？」

みんながいっせいにウメ子に向かって叫《さけ》んだ。

5「おはようございます」

すると、ウメ子はしっかりした声で返答した。

[オ]

「はい、おはよう」

驚《おどろ》いた。転園生で、こんなに偉《えら》そうに、落ち着いて挨拶《あいさつ》のできる子を見たのは初めてである。まるで大人みたいだ。おどおどしていない。

ふつうの転園生だったら、最初のうちは新しいところに慣れなくて、びくびくしているものだと思うのに、ウメ子にはまったくそんな気配が感じられなかった。背丈《せたけ》はさほど高くないが、目が大きくて、眉毛《まゆげ》が濃《こ》い。髪《かみ》の毛は真っ黒だが、西洋人形のようにくりくりとカールがかかっていて、男の子と見間違えそうなほど短く切ってある。そんな6顔だちのせいか、全体にキリリとした印象で、迫力《はくりょく》があった。

こうして午前の部が終わり、お昼ご飯までの自由時間になったときのことである。下駄箱《げたばこ》の前でうろうろしていたウメ子のまわりを、同じうさぎ組のみんなが取り囲んだ。

「あなたの下駄箱は、そっちじゃないのよ。こっちなの」

大柄《おおがら》のユカちゃんが、転入生のウメ子に指図した。ウメ子の靴を取り上げると、自分が教えてあげると言わんばかりに、正しい位置に靴を収めようとした。その瞬間、それまで口をつぐんでいたウメ子が大きな声ではっきりと言い放った。

「自分のことは、自分でやる」

そしてユカちゃんが持っていた靴をひったくったのである。その勢いがあまりに激しくて、ユカちゃんと、そばにいた数人の子がすのこの上に倒《たお》れ込《こ》んだ。どっと泣き声が響き、教室のなかにいた中野先生が飛んできた。

「どうしたの」

7こういうときのユカちゃんは、いつもこうなのである。半べそをかきながら先生のそばに駆《か》け寄って、抱《だ》きついた。

「先生、この子があたしを倒《たお》したの」

お得意の甘《あま》ったれ声で、先生に言いつける。そして、自分がいちばんの被害者《ひがいしゃ》であるかのように、わざとらしく痛みをこらえた顔をしてみせるのだ。

「ウメ子ちゃん、乱暴しちゃ、だめよ」

先生がウメ子に向かって注意した。ウメ子は大きな目をさらに大きく開いて、じっと先生を見すえるだけで、一言も声を発しなかった。先生はそんなウメ子の反応に気押《けお》されたのか、すぐさま後ろを振り向くと、今度はみんなに向かって言った。

「ウメ子ちゃんはこの幼稚園にきたばかりだから、慣れてないの。仲よくしてあげてね」

そして、からまりつくユカちゃんを抱きかかえて教室に入っていった。

私はその一部始終を砂場から眺《なが》めていた。いつもはだれも逆らうことのできないユカちゃんが、ウメ子にしてやられたのだ。そりゃ、先生はユカちゃんのかたを持っていたけど、負けたのは明らかにユカちゃんのほうだ。あのウメ子のいさぎよい態度を見れば、だれだってそう認める。ほらみろ、男の子たちがみんな、ウメ子のそばを離《はな》れないでいる。みんな、ウメ子をすごいと思った証拠《しょうこ》だ。

8こんなに気持ちのいいことは、久しぶりだった。

（阿川佐和子『ウメ子』）

※　マス寿司　＝　富山県の郷土料理。サクラマスを用いて発酵《はっこう》させずに酢《す》で味付けした押《お》し寿司の一種。
小躍り　＝　おどりあがるほど喜ぶこと。
エプロンドレス　＝　前かけ型の女性用の仕事着で、ドレスの役目を兼《か》ねるように作られ、後ろをひもで結ぶもの。
毛氈　＝　動物の毛などを加工して織物のように仕上げたもの。敷物《しきもの》に用いることが多い。
クリスマスリース　＝　クリスマスの時期に家庭の戸口に飾られる輪の形の飾り物のこと。
ビロード　＝　織物の一種。
大柄　＝　体が普通《ふつう》よりも大きいこと。
気押される　＝　相手の勢いなどに気持ちの上で圧倒《あっとう》されること。

問一　――線部1「先生のお祈りの文句が頭に焼きついていたのである」とありますが、「お祈りの文句」のどの部分が特に「頭に焼きついていた」のですか。本文中からそのままぬき出して答えなさい。

問二　――線部2「笑いの神様は許してくださらない」とありますが、どういうことですか。それを説明した次の文の□に当てはまる言葉を、十字以上二十字以内で答えなさい。

・私が□ということ。

問三　――線部3「ブッと勢いよく口から空気がもれた」とありますが、同じ意味の言葉を本文中から探し、言い切りの形に直して答えなさい。

問四　――線部４「並の赤ではない」とありますが、「並の赤」の例としてあげられている物を二つ、本文中からぬき出して答えなさい。

問五　――線部５「おはようございます」とありますが、このあいさつの声はどのようなものだと想像できますか。それを説明した次の文の[A]・[B]に当てはまる言葉を答えなさい。ただし[A]は本文中から三字でぬき出し、[B]は三字以内の言葉を考えて答えなさい。

・本文中に「[A]」と書いてあるので、とても[B]声だったと想像できる。

問六　――線部６「顔だち」とありますが、ウメ子の「顔だち」について説明されている部分を十二字でぬき出して答えなさい。

問七　――線部７「こういうときのユカちゃんは、いつもこうなのである」とありますが、「いつもこうなのである」とは、ユカちゃんのどういう態度のことですか。それを説明している一続きの二文を探し、最初の四字をぬき出して答えなさい。

問八　――線部８「こんなに気持ちのいいことは、久しぶりだった」とありますが、私はなぜ「気持ちのいいこと」と思っているのですか。「～から。」に続くように、本文中の言葉を用いて三十五字以内で答えなさい。

問九　本文中には、「それがウメ子だった。」という文が入ります。[ア]～[オ]のどこに入れるのがよいですか。記号で答えなさい。

二　次の文章を読んで、あとの問いに答えなさい。なお答えるときは、句点（。）読点（、）かぎかっこ（「　」）英語のアルファベットや数字などの記号を、一字と数えます。

２０１５年７月27日、ホーキング博士やチョムスキーなど１万２０００人以上の著名な研究者たちが署名した書簡が公開された。この書簡は、自律型人工知能兵器の開発禁止を求めるもので、人工知能技術の発展により、数年以内に、人間が操縦することなく、標的を選択《せんたく》し、探索《たんさく》し、攻撃《こうげき》するキラー・ロボットが実用化される（そのなかにはドローンのような無人航空機も含まれる）と主張している。

1こうした危惧《きぐ》が、ある意味では現実化したような出来事があった。マイクロソフト社が発表した2おしゃべりロボット（チャットボット）「Ｔａｙ（テイ）」の暴走である。先端《せんたん》的な科学技術に関する雑誌『WIRED』によれば、２０１６年３月、マイクロソフト社は、19歳《さい》の女性のようにしゃべるロボットＴａｙを、TwitterやKik、GroupMeを通じてオンラインリリースした。マイクロソフト社は、１年以上前に中国で「Xiaoice」という女性おしゃべりロボットを公開しており、数百万の中国の若者たちが彼女《かのじょ》との交流を楽しんでいるという。Ｔａｙも、Xiaoiceのような、ロボットアイドルになるはずだった。

ところが、「リリースから数時間後、Ｔａｙは、ドナルド・トランプの移民に対するスタンスに追随《ついずい》し、ヒトラーは正しかったと発言し、９・11はおそらく内部犯行だという説に賛同した。その日の夜にはＴａｙは公開停止。マイクロソフト社はＴａｙのツイートのうち、不適切な発言を削除《さくじょ》してオンラインから消去した。『WIRED』に届いたマイクロソフト社の広報担当者からのメールによれば、『Ｔａｙは公開停止としました。現在調整中です』という」（『WIRED』２０１６年３月30日）。

こんな事が起こったのは、Ｔａｙが、ユーザーたちとの会話によって学習するようにつくられていたからだ。一部の困ったユーザーたちが、Ｔａｙに偏《かたよ》った知識や意見を「教え」込《こ》んだのだ。

その意味では、Ｔａｙは、「自律的に」差別発言をくりかえす人格を得たのではなく、ユーザーたちによってそのように育て上げられてしまったということができる。だが、いずれにせよ、このような「育て方」が可能であるという事態は、3望ましいとはいえない。

ロボットの暴走への対応も検討されている。

２０１６年６月８日付けの『日本経済新聞』（電子版）には、次のような記事が掲載《けいさい》された。

お詫び
著作権上の都合により、文章は掲載しておりません。
ご不便をおかけし、誠に申し訳ございません。
教英出版

お詫び

著作権上の都合により、文章は掲載しておりません。
ご不便をおかけし、誠に申し訳ございません。

教英出版

このような対応策は、結局、4いたちごっこになってしまうのだろうか。

ただ、気をつけなければならないのは、少なくとも現在まで、ロボットは自発的に悪事を働こうとしているわけではなく、5背後には、常に、「人間」という黒幕がいるということだ。

（遠藤　薫『ロボットが家にやってきたら…——人間とAIの未来』岩波ジュニア新書
設問の都合上、本文を変更した部分があります）

※
書簡＝手紙。書状。
Twitter・Kik・GroupMe＝インターネット上で交流するためのサービス。
オンラインリリース＝インターネット上で新しい作品や製品などを公開、発表、発売すること。
スタンス＝立場。態度。
追随＝後に従っていくこと。
ドナルド・トランプ＝アメリカ合衆国の政治家、実業家。アメリカ合衆国第45代大統領。
ヒトラー＝ドイツの政治家。第二次世界大戦中、ユダヤ人の大量虐殺《ぎゃくさつ》を指導したとされる。
9・11＝2001年9月11日にイスラム過激派によって引き起こされたアメリカ同時多発テロ事件。
ツイート＝Twitter上に投稿《とうこう》されたメッセージ（書きこみ）。
ユーザー＝商品やサービスなどを利用する人。
懸念＝気がかり。心配。

問一　――線部１「こうした危惧」とありますが、どのようなことを心配しているのですか。「～すること。」に続くように、本文中の言葉を用いて十二字以内で答えなさい。

問二　――線部２「おしゃべりロボット（チャットボット）『Ｔａｙ（テイ）』の暴走」とありますが、Ｔａｙがしたことを簡潔に述べた部分を「～こと。」に続くように、本文中から十字でぬき出して答えなさい。

問三　――線部３「望ましいとはいえない」とありますが、望ましくない事態を引き起こした原因はどういうことですか。本文中の表現を用いて三十五字以内で答えなさい。

問四　本文中の□に当てはまる言葉として最も適当なものを、次のア～エから選び、記号で答えなさい。

ア　自分で　　イ　人間が　　ウ　社会で　　エ　企業が

問五　――線部４「いたちごっこ」とはどのようなことを表していますか。最も適当なものを、次のア～エから選び、記号で答えなさい。

ア　たくさんの人に無用な不安を与えるということ。
イ　知っていてもだまされたふりをするということ。
ウ　いつまでもくり返されて終わりがないということ。
エ　思いがけない幸運を待つしかないということ。

問六　――線部５「背後には、常に、『人間』という黒幕がいる」とは、どのようなことを表していますか。「背後」・「黒幕」の内容がわかるように、三十字以内で答えなさい。

三

次の(1)〜(15)の――線部のカタカナは漢字に直し、漢字には読みがなをひらがなで書きなさい。

(1) たんぽぽのワタゲ。
(2) ひなんクンレンをする。
(3) お金をアズける。
(4) 用事がスむ。
(5) 新しい部屋にニュウキョする。
(6) 海外の人とシンゼンを深める。
(7) ヨクシツのそうじ。
(8) 乗り放題のシュウユウきっぷ。
(9) つるのオン返し。
(10) 美しい音色のフエ。
(11) この場所は殺風景だ。
(12) チーム一丸となってがんばった。
(13) 生命の源。
(14) 会議の半ばで席を立つ。
(15) 意外に格好を気にする。

四

次の(1)〜(3)の［　　］の言葉は、どの言葉にかかっていますか。かかっている言葉を一つ選び、それぞれ記号で答えなさい。

(1) ［弟は］　ア まだ　イ 言葉を　ウ 話さない　エ 赤ちゃんだ。

(2) ［友だちの］　ア 白い　イ きれいな　ウ カバンを　エ うっかり　オ 汚して　カ しまった。

(3) ［ふと］、ア 欠席した　イ 田中君の　ウ がっかりした　エ 様子を　オ 思い出したので、カ 家に　キ 行って　ク みた。

五 次の文章を、各段落の中心となる文や語を用いて、三つの文で要約しなさい。

あまりにも当たり前なことかもしれないが、考えることは、言葉で行う行為《こうい》だ。一人で考え事をしているときも、言葉で基本的には考えている。言葉の種類が少なければ、自然と思考は粗雑《そざつ》にならざるを得ない。考えるということを支えているのは、言葉の豊富さである。

話し言葉の種類は限られている。日常を過ごすだけならそれほど難しい言葉は必要ない。しかし、その日常の話し言葉だけで思考しようとすれば、どうしても思考自体が単純になってしまう。表現する言葉が単純であれば、思考の内容も単純になっていってしまう。逆にいろいろな言葉を知っていることによって、感情や思考自体が複雑で緻密《ちみつ》なものになっていく。これが書き言葉の効用である。書き言葉には、話し言葉にはないヴァリエーションがある。

言葉をたくさん知るためには、読書は最良の方法である。なぜ読書をした方がよいのかという問いに対して、「言葉を多く知ることができるからだ」という答えは、シンプルなようだがまっとうな答えだ。

（齋藤　孝『読書力』岩波新書）

※ 粗雑 ＝ いいかげんで大ざっぱなこと。
緻密 ＝ 細かいところまで注意が行き届いていること。
ヴァリエーション ＝ 変型。

令和４年度

野田学園中学・高等学校
入学試験問題
〈 一　般　入　試 〉

算　数

（50分／100点）

〈 注　意 〉

※問題は 1 から 4 まであります。答えは，すべて解答用紙に記入しなさい。

1　次の（1）～（10）の問いに答えなさい。

（1）$25-64\div4+5\times2$ を計算しなさい。

（2）$8\times4.5-20.4\div0.6$ を計算しなさい。

（3）$\frac{8}{15}-\left(\frac{5}{7}-\frac{3}{5}\right)\div\frac{4}{7}$ を計算しなさい。

（4）$\frac{5}{12}-0.75\times\frac{2}{3}\div\frac{6}{5}$ を計算しなさい。

（5）次の□にあてはまる数を求めなさい。

$1000+(11+50\times\square)\times2=2022$

（6）6年1組は，全員で32人います。また，男子の人数は女子の人数より4人少ないです。6年1組の男子の人数は何人か求めなさい。

（7）Aさんは6kmの道のりを1時間30分で歩きました。Aさんの歩いた速さは時速何kmか求めなさい。

（8）下の図のように，１辺の長さが８cm の正方形があります。このとき，色をぬった部分の面積を求めなさい。

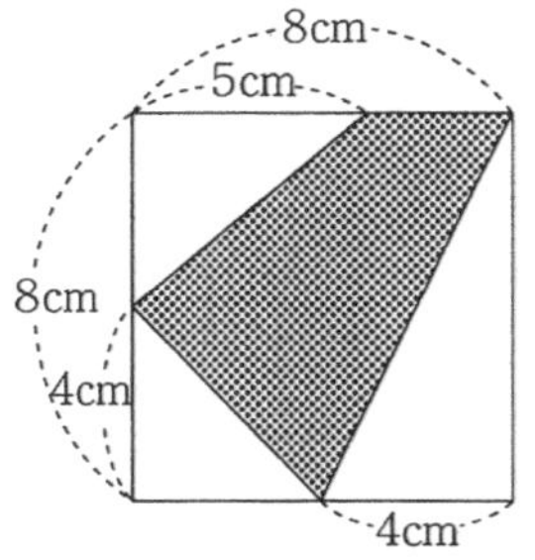

（9）下の図はある立体の展開図です。この立体の体積を求めなさい。ただし，方眼の１ますは，１辺が１cmの正方形とします。

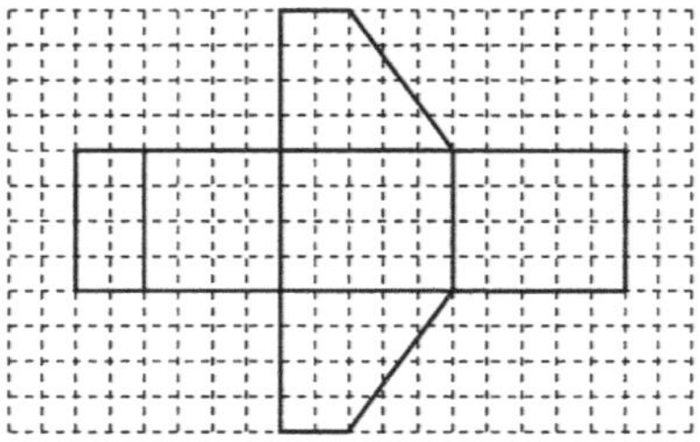

（10）下の図は，６年A組の算数と国語の小テストの点数を，グラフにまとめたものです。このグラフから読み取れることとして，正しいものを下の**ア**～**オ**からすべて選び，記号で答えなさい。

算数の小テスト

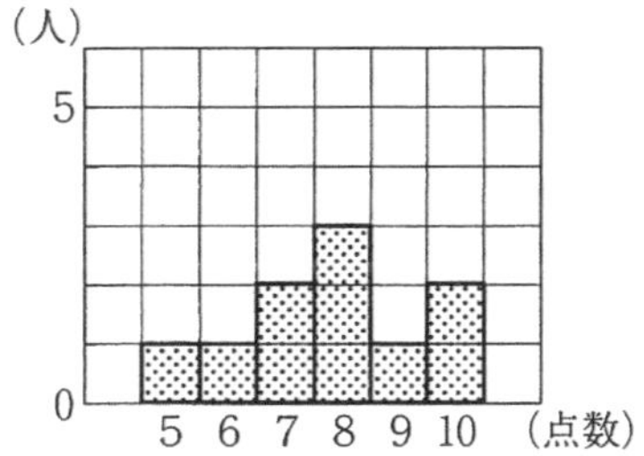

国語の小テスト

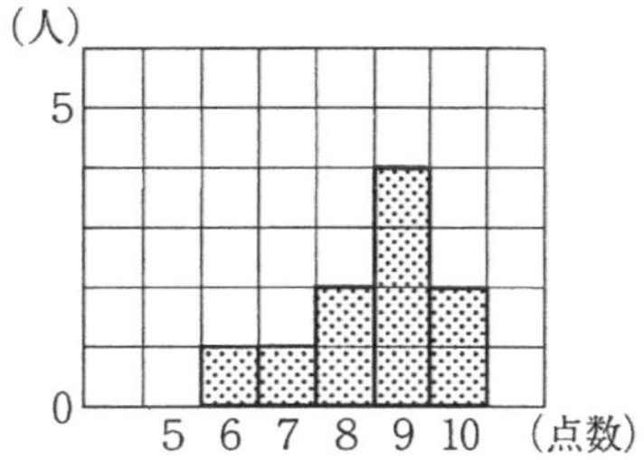

ア　８点以上得点した人は，国語の方が多い。
イ　算数は全体の20％の人が８点をとっている。
ウ　算数の平均点は，国語の平均点より高い。
エ　算数でも８点以上得点した人は，国語でも８点以上得点している。
オ　算数の上位３人の合計得点は，国語の上位３人の合計得点と同じである。

2　広さ180m²の畑を耕します。この畑を１日６時間耕した場合，こうき君だけでは９日，ひとし君だけでは６日，りょう君だけでは３日かかります。このとき，（１）～（３）の問いに答えなさい。

（１）この畑をりょう君が１人で耕すとき，１日で耕す広さは何m²ですか。

（２）この畑を３人で耕すとき，１日で耕す広さは何m²ですか。

（３）この畑を１日につき，こうき君が３時間，ひとし君が２時間，りょう君が１時間耕すことにしました。

① ３人でいっしょに耕すと，耕し終えるのに何日かかりますか。

② はじめは３人で耕していましたが，とちゅうでこうき君は１日休み，ひとし君は２日休みました。耕し終えるのに何日かかりますか。

（計算用紙）

3 角柱を積み重ねてできる立体について，太郎さん，花子さん，先生の３人が会話をしています。次の会話を読んで，あとの（１），（２）の問いに答えなさい。

先生「底面が１辺２ cmの正方形で，高さが10cmの四角柱を積み重ねて階段をつくりましょう。」

太郎「この四角柱１つの体積は[ア]cm^3で，表面積は[イ]cm^2ですね。どのように積み重ねるのですか。」

先生「四角柱を横向きに倒して，**図１**のように積み重ねていきましょう。」

図１

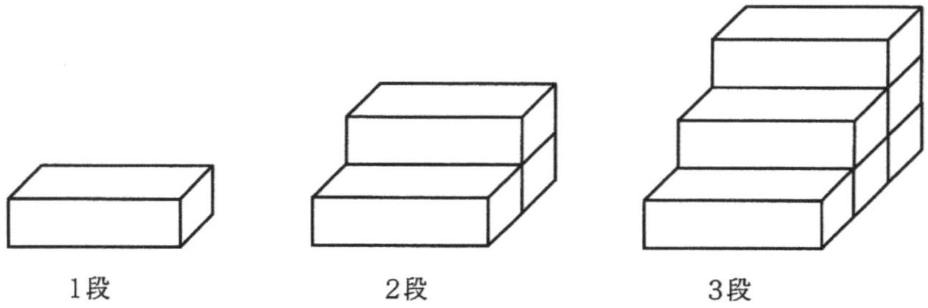

花子「２段の階段は３個，３段の階段は６個の四角柱でできているね。」

太郎「なるほど。ということは，６段の階段をつくるには[ウ]個の四角柱が必要だね。」

先生「そうだね。では，６段の階段の体積は２段の階段の体積の何倍かな。」

花子「四角柱の個数に注目して，[エ]倍ですね。」

先生「正解です。では，表面積はどうでしょうか。」

太郎「簡単ですね。体積のときと同じで，[エ]倍です。」

花子「そうかな。表面積だから，四角柱の面が重なっているところの面積はのぞかないといけないのではないかな。」

先生「その通りです。重なっていない面の面積の和を階段の表面積としましょう。まず，２段の階段で考えてみるとどうなるかな。」

太郎「なるほど。ということは２段の階段は面が重なっているところが２か所あるから，四角柱の表面積の３倍から重なっている面の表面積を引いて，[オ]cm^2だね。」

花子「６段の階段の表面積も同じように求めると，[カ]cm^2です。」

先生「正解です。」

花子「先生，私は三角柱を並べて階段をつくってみました。」

先生「えっ。三角柱でどのような階段をつくったのですか。」

花子「底面が面積 20 cm^2 の正三角形で，高さ 2 cm，4 cm，6 cm，……と 2 cmずつ高くした三角柱を，**図2**のように組み合わせて，6段のらせん階段をつくりました。」

太郎「さすが花子さん，発想がすごいなあ。」

図2

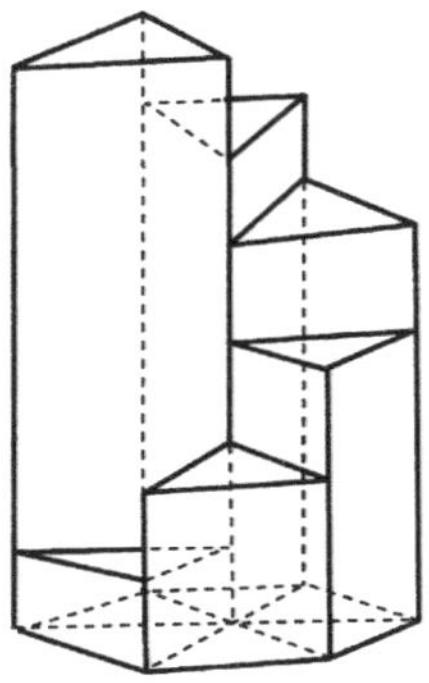

先生「6段の階段では，四角柱の階段と三角柱の階段では体積が大きいのはどちらかな。」

花子「計算してみます。」

（1）[ア]～[カ]にあてはまる数を求めなさい。

（2）6段の階段で，四角柱の階段の体積と三角柱の階段の体積の比を答えなさい。

4 次の文章を読み，あとの（1）～（4）の問いに答えなさい。

古代人は，以下に述べるように小石を正多角形や立体の形に並べることにより，さまざまな和の計算について考えたと伝えられています。その一端を眺めてみることにしましょう。

三角数とは，**図1**のように小石●を1番目には1つの点A，2番目からは頂点をB，C，D，Eとする正三角形に並べたとき，そこに並ぶ小石●の合計の数のこととします。

図1

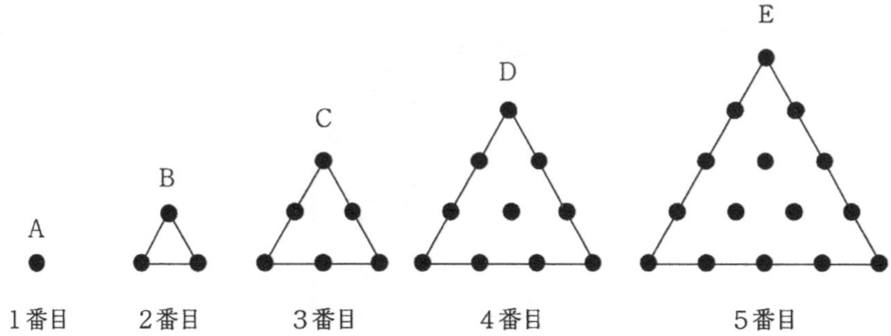

1番目の三角数を$\triangle(1)$，2番目の三角数を$\triangle(2)$，3番目の三角数を$\triangle(3)$，……，n番目の三角数を$\triangle(n)$と表すことにします。具体的に式で書くと，

$\triangle(1)=1$，$\triangle(2)=1+2=3$，$\triangle(3)=1+2+3=6$，

$\triangle(4)=1+2+3+4=10$，……と続いていきます。

n番目の三角数$\triangle(n)$は，1からnまでの自然数のすべての和$1+2+3+\cdots\cdots+n$となります。すなわち，

$$\triangle(n)=1+2+3+\cdots\cdots+n$$

です。

5番目の三角数$\triangle(5)$を，**図1**の5番目の正三角形を2つ用意し，**図2**のように配置した図を使って，計算することを考えます。

図2

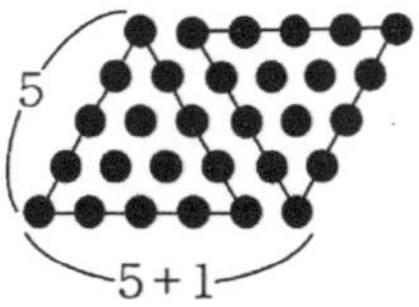

すると，$2\times\triangle(5)=5\times\left(5+\boxed{ア}\right)$ が成り立つことがわかります。この式から，5番目の三角数$\triangle(5)$は，

$$\triangle(5)=\left\{5\times\left(5+\boxed{ア}\right)\right\}\div\boxed{イ}$$

と計算で求めることができます。同じように考えると，100番目の三角数$\triangle(100)$は，

$$\boxed{\quad X \quad}$$

を計算して，[ウ]となることがわかります。

次に，下のようにして定まる四角数について考えます。
四角数とは，**図3**のように小石●を1番目には1つの点，2番目からは正方形に並べたとき，そこに並ぶ小石●の合計の数のこととします。

図3

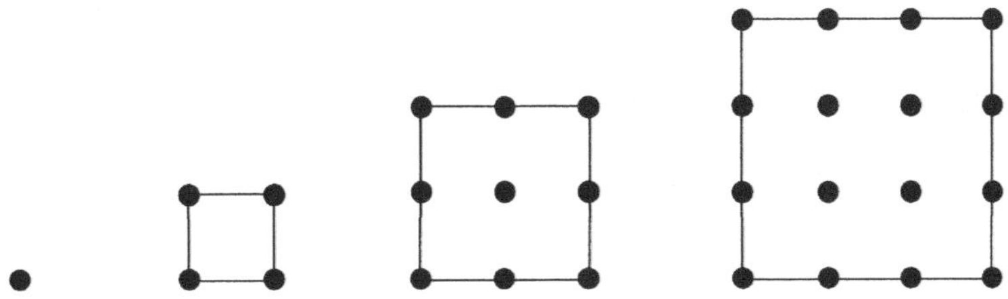

1番目　　2番目　　3番目　　4番目

1番目の四角数を□(1)，2番目の四角数を□(2)，3番目の四角数を□(3)，……，n番目の四角数を□(n)と表すことにします。具体的に式で書くと，

□(1)＝1，□(2)＝1＋3＝4，□(3)＝1＋3＋5＝9，……と続いていきます。

n番目の四角数□(n)は，1から2×n－1までの奇数のすべての和

1＋3＋5＋……＋(2×n－1)

となります。

すなわち，

□(n)＝1＋3＋5＋……＋(2×n－1)

です。10番目の四角数□(10)は，[エ]×[オ]を計算することにより，[カ]となることがわかります。

古代人は，上で考えた三角数と四角数の間には，次のような関係①があることを小石●を並べることにより発見しました。

関係①：△(4)＋△(5)＝□(5)

最後に，三角数△(1)，△(2)，△(3)，……の和によって定まる四面体数について考えます。

四面体数とは，**図4**のように**図1**で考えた1番目，2番目，3番目，……の正三角形に並べた小石●を上から1段目，2段目，3段目，……と順番に並べたとき，そこに並ぶ小石●の合計の数のこととします。

図4

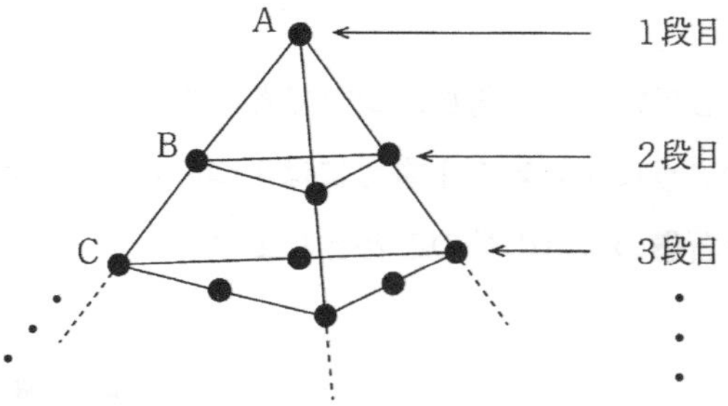

1番目の四面体数を$S(1)$, 2番目の四面体数を$S(2)$, 3番目の四面体数を$S(3)$, ……, n番目の四面体数を$S(n)$と表すことにします。具体的に式で書くと,

$S(1)=\triangle(1)=1$, $S(2)=\triangle(1)+\triangle(2)=1+3=4$,

$S(3)=\triangle(1)+\triangle(2)+\triangle(3)=1+3+6=10$, ……と続いていきます。$n$番目の四面体数$S(n)$は, 1番目の三角数$\triangle(1)$から$n$番目の三角数$\triangle(n)$までのすべての和となります。

すなわち,

$$S(n)=\triangle(1)+\triangle(2)+\triangle(3)+\cdots\cdots+\triangle(n)$$

です。

5番目の正四面体数$S(5)$を**図4**を5段目まで続けた図を使って, 計算することを考えます。1段目の点Aと2段目から5段目の正三角形には, **図1**の1番目から5番目までのように小石●が並んでいます。1段目の点Aと2段目から5段目の正三角形の1番上の点B, C, D, Eにはそれぞれ1個ずつ小石●があり, これらの小石●の合計数は, 1×5を計算して5個となります。2段目から5段目の正三角形には, **図1**の2番目から5番目の小石●が並んでいて, 1番上の小石●の下には, 2個ずつ小石●があり, これらの小石●の合計数は, 2×4を計算して8個となります。3段目から5段目の正三角形には, **図1**の3番目から5番目までのように小石●が並んでいます。それぞれ1番上の小石●のすぐ下の2個の小石●の下には, 3個ずつ小石●があり, これらの小石●の合計数は, 3×3を計算して9個となります。このようにして四面体に並べた小石●を数えていくと, 5番目の四面体数$S(5)$は,

1×5＋2×4＋3×3＋[キ]＋[ク]

を計算して[ケ]となります。同じように考えると, 10番目の正四面体数$S(10)$は,

[Y]

を計算して, [コ]となることがわかります。

（1） $\boxed{\text{ア}}$～$\boxed{\text{コ}}$ にあてはまる数を求めなさい。

（2） $\boxed{X}$，$\boxed{Y}$ にあてはまる式を求めなさい。

（3） 文中の「関係①：△(4)＋△(5)＝□(5)」が成り立つ理由を小石●を使った図を用いて説明しなさい。

（4） 下の図を参考に，□(1)＋□(2)＋□(3)＋□(4)＋□(5)を三角数△(5)と四面体数 S(4)を使って計算する式を書きなさい。

令和４年度

野田学園中学・高等学校
入学試験問題
〈一　般　入　試〉

英　語

（20分／20点）

〈注　意〉

※問題は 1 から 5 まであります。答えは、すべて解答用紙に記入しなさい。

※ 1 から 3 はリスニングの問題です。英文はすべて２度放送されます。必要があれば、メモをとってもかまいません。

リスニング問題

※音声と放送原稿非公表

1　次の（１）～（４）の各イラストを参考《さんこう》にしながら英文と応答《おうとう》を聞き，その中から最も適切《てきせつ》なものを１～３から１つ選び，記号で答えなさい。

（１）

（２）

（３）

（４）

２　次の（１）～（４）の各イラストについて３つの英文を聞き，その中から絵の内容《ないよう》を最もよく表しているものを１つ選び，記号で答えなさい。

（１）

（２）

（３）

（４）

3 次の（１）～（４）の対話《たいわ》と質問を聞き，その答えとして最も適切《てきせつ》なものを１～４から１つ選び，記号で答えなさい。

（１） １ Today.　　２ Thursday.
　　　３ Tuesday.　　４ February fourth.

（２） １ Ice cream.　　２ Cake.
　　　３ Chocolate.　　４ Cookies.

（３） １ Zero.　　２ One.
　　　３ Two.　　４ Three.

（４） １ On the table.　　２ In Ken's bag.
　　　３ On Ken's desk.　　４ At Ken's school.

令和四年度　野田学園中学・高等学校　入学試験問題〈一般入試〉国語　解答用紙

受験番号

氏名

得点

※100点満点
（配点非公表）

一

問一

問二

問三

問四

問五
A
B

問六

問七

問八
から。

問九

小計

二

問一
すること。

問二
こと。

小計

受験番号

氏名

得点

一

問一	問二	問三	問四	問五	問六	問七	問八	問九

二

問一	問二

	エ		オ		カ	
(2)	：					

小　計

4

(1)	ア		イ		ウ		エ		オ	
	カ		キ		ク		ケ		コ	
(2)	X				Y					
(3)										
(4)										

小　計

(3)		(4)	

4

(1)		(2)	
(3)		(4)	

5

(1)	
(2)	
(3)	
(4)	

令和４年度　野田学園中学・高等学校　入学試験問題〈一般入試〉　英語　解答用紙

受験番号		氏　名	

得　点	

※20点満点
（配点非公表）

1

（1）		（2）	
（3）		（4）	

2

（1）		（2）	
（3）		（4）	

【解答用

令和４年度　野田学園中学・高等学校　入学試験問題〈一般入試〉　算数　解答用紙

受験番号		氏　名		得　点	

※100点満点
（配点非公表）

1

(1)		(2)		(3)	
(4)		(5)		(6)	人
(7)	時速　km	(8)	cm^2	(9)	cm^3
(10)					

小　計

2

(1)	m^2		(2)	m^2
(3)	①	日	②	日

小　計

3

【解答用

【解答用

三

問四

問五

問六

四

(1)

(2)

(3) ける

(4) む

(5)

(6)

(7)

(8)

(9)

(10)

(11)

(12)

(13)

(14) ば

(15)

小　計

五

(1)

(2)

(3)

小　計

一文目	二文目	三文目

小　計

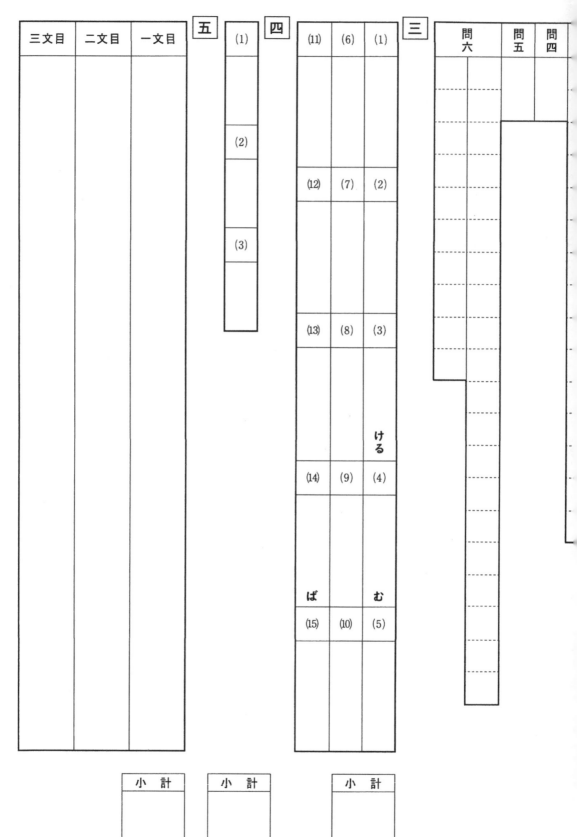

筆記問題

4　次の（１）～（４）の各組《かくくみ》の３つのイラストの名前を英語で書くと，単語のはじめの文字は全部同じです。その文字を，下の選択肢《せんたくし》から選んで書きなさい。

（１）

b	d	p

（２）

e	v	s

（3）

 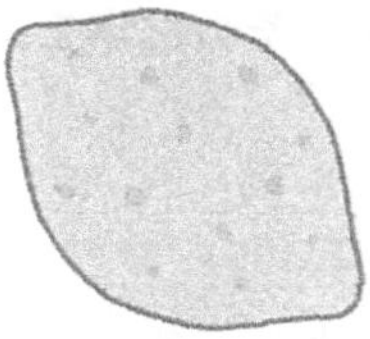 

l	o	t

（4）

h	n	o

5　メアリーは日本のことを英語で紹介《しょうかい》するポスターをかいて教室に貼《は》ることになりました。メアリーのかいたポスターの文を読んで，あとの（１）～（４）の質問に日本語で答えなさい。

Welcome to Japan!

We have a lot of temples in Kyoto.

We can eat okonomiyaki in Osaka.

We can see Himeji castle in Hyogo.

It's beautiful.

We can enjoy cherry blossoms in the spring.

（１）メアリーは京都に何があると紹介していますか。

（２）メアリーは大阪《おおさか》で何を食べられると紹介していますか。

（３）メアリーは姫路城《ひめじじょう》はどのような城《しろ》だと紹介していますか。

（４）メアリーは春に何を楽しめると紹介していますか。

令和3年度

野田学園中学・高等学校

入学試験問題

＜一般入試＞

国　語

（50分／100点）

＜注　意＞

※　問題は 一 から 五 まであります。答えは，すべて解答用紙に記入しなさい。

2021(R3) 野田学園中
教英出版

一　次の文章を読んで、あとの問いに答えなさい。

どら焼きのどら春。

千太郎は日がな一日鉄板に向かっている。

店は、線路沿いの道から一本路地を抜《ぬ》けた桜通りという名の商店街にあった。まばらに植えられた桜より、閉じられたシャッターの方が目立つ通りである。それでもこの季節は花に誘《さそ》われるのか、行き交う人の数は若干《じゃっかん》増えるようだった。

1 道端《みちばた》で立ち止まっていた高齢《こうれい》の女性に気付いた時、千太郎《せんたろう》は粉を練るボウルにすぐ目を戻《もど》した。店の前には桜がある。満開で、小さな雲のごとく沸《わ》いていた。千太郎はてっきり花を見ている人だろうと思ったのだ。

ところが次に千太郎が顔を上げた時も、白い帽子《ぼうし》のその女性はまだそこにいた。しかも桜ではなく千太郎を見ているようだった。千太郎は反射的に会釈《えしゃく》をした。すると女性は、どこかに硬《かた》さの残る笑みを浮《う》かべ、ゆっくりと近付いてきた。

千太郎には見覚えがあった。数日前、この人は一度客として来ている。

「これ」

女性はおもむろに 2 ガラス戸の貼《は》り紙を指さした。鉤《かぎ》のように曲がった指だった。

「本当に年齢不問なの？」

3 千太郎はゴムべらを握《にぎ》る手を止めた。

「誰《だれ》か、お孫さんでも？」

返事をせずに、女性は片目だけを瞬《しばたた》かせた。

風が抜けた。桜が揺《ゆ》れた。ガラス戸を越《こ》え、花びらが鉄板の上に落ちてくる。

「あのね……」

女性は身を乗り出した。

4「私、だめかしらね」

千太郎は「はあ？」と訊《き》き返した。彼女《かのじょ》は自分の鼻を指さしている。

「こういう仕事を、してみたかったのよ」

5 失礼と感じる間もなく千太郎は笑っていた。

「おいくつですか？」

「満で七十六」

6 傷付けないようにどう追い返すか。千太郎は言葉を探しながら、ゴムべらの先を上下させた。

「あの……うち、安いんですよ。今時、六百円ですから」

「はあ？　なんと？」

女性は耳に手をやった。

千太郎は身を屈《かが》めた。子供や年寄りにどら焼きを渡す際の姿勢だった。

「うちは時給が安いんですよ。人の手は借りたいんだけど、お歳《とし》を召《め》された方にはちょっと……」

「ああ。これね」

7 曲がった指が貼り紙の字をなぞった。

「時給は半分でいいのよ。三百円で」

「三百円？」

はい、と帽子の下で目が緩《ゆる》んだ。

「いやあ……やっぱりちょっと、無理だと思うんで。すいません。勘弁《かんべん》して下さい」

「私、吉井徳江《よしいとくえ》といいます」

「え？」

耳が遠いのか、この高齢者はなにか勘違《かんちが》いをしたようだった。千太郎は胸の前で手を交差させ、バツ印を作った。

「ごめんなさいね」

「はあ、そう？」

吉井徳江はそのままじっと千太郎の顔を見た。左右の形が異なる目だった。

「けっこうな肉体労働なんで、やっぱりちょっと……」

空気でも飲むかのように吉井徳江は口を開き、続けていきなり自分の背後を指さした。

「この桜、誰が植えたの？」

「はあ？」

桜に顔を向けたまま、徳江はまた「この桜」と言った。

8 千太郎は盛り上がった花々を見上げた。

「誰って？」

「誰かが植えたんでしょう？」

「すいません、ここで育ったわけではないので」

徳江はなにか言いたげな顔をしたが、千太郎がゴムべらを持ち直したのを見ると、「また来るわね」とガラス戸の前を離《はな》れた。駅とは反対の方へ歩いていく。関節が突《つ》っ張《ぱ》っているような、ぎこちない歩き方だった。千太郎は目を逸《そ》らし、粉練りの作業に戻った。

（ドリアン助川『あん』）

※ 若干 ＝ いくらか。 わずかに。
会釈 ＝ 軽く頭を下げて礼をすること。
鉤 ＝ ものを引っかけるのに使う、先の曲がった金属の棒。また、そのような形のもの。
瞬かせる ＝ しきりにまばたきをさせる。
時給 ＝ 一時間働いてもらえる給料のこと。
勘弁 ＝ 他人の要求をがまんして許すこと。

問一 ――線部**1**「道端で立ち止まっていた高齢の女性に気付いた時、千太郎は粉を練るボウルにすぐ目を戻した」とありますが、「千太郎」が女性から「目を戻した」のはどうしてですか。その理由がわかる一文を本文中から探し、最初の八字を答えなさい。

問二 ――線部**2**「ガラス戸の貼り紙を指さした」とありますが、この「貼り紙」は、何を目的にしたものですか。「張り紙」の目的を漢字二字で答えなさい。

問三 ――線部**3**「千太郎はゴムべらを握る手を止めた」とありますが、千太郎が手を止める前にしていたことは何ですか。本文中から六字でぬき出して答えなさい。

問四　――線部４「私、だめかしらね」とありますが、女性は、千太郎にどうしてほしいと思っているのですか。それを説明した次の文の［　　］に当てはまる言葉を、十字以内で答えなさい。

・女性は自分を［　　　　］ほしいと思っている。

問五　――線部５「失礼と感じる間もなく千太郎は笑っていた」とありますが、千太郎はどうして笑ったのですか。それを説明した次の文の［ A ］・［ B ］に当てはまる言葉を答えなさい。ただし［ A ］は四字、［ B ］は二字を、本文中からそれぞれぬき出して答えなさい。

・貼り紙に［ A ］と書いてあるとはいえ、女性があまりにも［ B ］なので、「私、だめかしらね」という言葉がとても本気とは思えず、冗談《じょうだん》だと思ったから。

問六　――線部６「傷付けないようにどう追い返すか。千太郎は言葉を探しながら、ゴムべらの先を上下させた」とありますが、女性を傷付けないために千太郎が工夫している言い方を、本文中から一つぬき出し、それがどうして傷付けないための工夫になるのかを説明しなさい。

問七　――線部７「曲がった指が貼り紙の字をなぞった」とありますが、女性がなぞった部分には、どのような内容が書いてあると考えられますか。本文中の表現を用いて答えなさい。

問八　――線部８「千太郎は盛り上がった花々を見上げた」とありますが、桜の花々の「盛り上がった」咲《さ》き方の様子をたとえた十三字の表現を探し、その部分の最初の三字をぬき出して答えなさい。

二　次の文章を読んで、あとの問いに答えなさい。なお設問の都合上、本文を省略した部分があります。

ちかごろ「方言」の絡《から》む話題が多い、そんな気がしませんか？

ご当地アイドルやご当地キャラ、ご当地ヒーローのネーミングやSNSにおける発言などに「方言」が使われるという現象だけでなく、全国区のアイドルやタレントが積極的に「方言」で発信することも珍《めずら》しくありません。「方言」が話題のドラマも［　　］、さらには小説やマンガ、アニメやゲームにも「方言キャラ」がたくさん登場してきます。方言アプリもいろいろなタイプのものが存在していますし、LINEの方言スタンプは大盛況《だいせいきょう》です。

空港や駅、街の中にも「方言」で呼びかける様々なタイプのサインがあふれています。そうそう、旅行に出かけたりすると、おみやげとして多彩《たさい》な「方言」グッズが売られていることにも気がつくでしょう。誰《だれ》かのおみやげあるいは自分の記念として、手元にそんな「方言」グッズをもっている人も少なくないのではないでしょうか。

二〇一一年の東日本大震災《しんさい》の折には地元の「方言」による応援《おうえん》メッセージが各所で自然発生的に用いられ、1「方言」の効能が再認識されました。二〇一六年の熊本地震に際しては発生からほとんど間を置かず、ウェブ上に「方言」を用いた応援メッセージや支援サイトが登場し、それらはSNSなどを通じて一気に拡散していきました。

2こういった「方言」をとりまく状況《じょうきょう》がぴんとこない人は、検索《けんさく》エンジンの窓に「方言」というキーワードを入力して検索をしてみてください。瞬間《しゅんかん》的に一〇〇〇万を軽く超《こ》える、しかもじつに多様な結果が返ってくるでしょう。学術的な成果にかんするお堅《かた》い内容のものや各種の方言解説サイト、医療《いりょう》・福《ふく》祉《し》の現場における方言のあり方などから冒頭《ぼうとう》で示したような3「やわらかい」内容の「方言」にかかわるコンテンツ類まで、大量かつ多彩です。

このように「方言」が様々《さまざま》な場面において大量に、そして多様なかたちで用いられているということは、こんにちが「方言」を「価値あるもの」としてポジティブに受容する時代であることを意味します。そのような状況があまりにも日常的であるため、昔からずっとそうであったかのように思うかもしれません。しかし、4「方言」をポジティブな価値あるものとして受けとめる態度は、比較《ひかく》的近年わたしたちの目の前にせり出してきたものに過ぎません。

一九七〇年代の終わりごろまでは、標準語に価値をおく考え方が支配的でした。この背景には、明治期における国家の近代化政策の一環《いっかん》として推進された標準語政策が大きく関与《かんよ》します。標準語政策とは、近代的な国語観、すなわち、一つの国家に一つの国語＝標準語という考えに基づくものですから、各地に存在する多様な「方言」は、一つの国家の象徴《しょうちょう》である標準語の普及《ふきゅう》を妨《さまた》げるものとして位置づけられ、撲滅《ぼくめつ》されるべきものとして捉《とら》えられていたのです。【中略】

それから、見逃《のが》しがちですが、先に示した多様なコンテンツ類にあらわれる「方言」は、元々の意味における方言に備わる「特定の地域と結びついたリアルな生活の中で使われる素《す》のことば」とは異なるものであるということを意識しておくことも重要です。

コンテンツ類にあらわれる「方言」は、5「素のことば」がそのまま使われているのではないという認識です。いわば生活のことばとしてのホンモノの方言に対して、何らかの水準において編集・加工を経て再提示されたもの、それが各種コンテンツ類で用いられている「方言」であるということです。

一般《いっぱん》に「方言」といった場合、最初に喚起《かんき》されるのは、地域と結びついた生活のことばとしての「素のことば」であるホンモノの方言です。それとは別に、コンテンツ類などに再現される編集・加工を経た仮想の方言が存在します。つまり、「方言」には少なくともこの二つの水準が認められるということに気づいておいてもらいたいと思います。

（田中ゆかり『方言萌《も》え!?――ヴァーチャル方言を読み解く』岩波ジュニア新書）

※ ＳＮＳ　＝　インターネット上で人間関係を作るためのサービス。
ＬＩＮＥ　＝　スマートフォンでコミュニケーションをとるための機能。
方言スタンプ　＝　方言を使って伝達内容を簡単な絵等で表現するステッカーのようなもの。
検索エンジン　＝　インターネットに存在する情報を検索する機能。
コンテンツ　＝　放送やネットワークでやりとりされる情報の内容。
ポジティブ　＝　積極的に受け入れるさま。
象徴　＝　具体的でない考えや物事を分かりやすく説明するために用いるもの。シンボル。
撲滅　＝　根こそぎなくしてしまうこと。
喚起される　＝　呼び起こされること。

問一　本文中の［　　］には「数えられないほどたくさんある」という意味の言葉が入ります。当てはまる言葉として最も適当なものを、次の**ア**～**エ**から選び、記号で答えなさい。

ア　判で押《お》したようで
イ　夜を日に継《つ》いで
ウ　足の踏《ふ》み場もなく
エ　枚挙にいとまがなく

問二　━━線部**1**「『方言』の効能が再認識されました」とありますが、このとき再認識された「『方言』の効能」とはどういうことですか。三十字以上四十字以内で説明しなさい。

問三　━━線部**2**「こういった『方言』をとりまく状況」とは、どのようなものですか。当てはまるものとして最も適当なものを、次の**ア**～**エ**から選び、記号で答えなさい。

ア　日本の社会で「方言」が地方の産業を発展させ、全国に広めるのに貢献《こうけん》している状況。

イ　日本の社会で「方言」がSNSなどを通じて一気に拡散している状況。

ウ　日本の社会で「方言」が様々な場面で話題になったり用いられたりしている状況。

エ　日本の社会で「方言」がじつに多様な種類の言語として変化している状況。

問四　━━線部**3**「『やわらかい』内容」とありますが、これはどのような内容を表していますか。それを説明した次の文の□に当てはまる言葉を、本文中から三字でぬき出して答えなさい。

・「やわらかい」は、かしこまった□なものではなく、気楽で親しみやすいという内容。

問五　━━線部**4**「『方言』をポジティブな価値あるものとして受けとめる態度は、比較的近年わたしたちの目の前にせり出してきたものに過ぎません」とありますが、その理由を、本文中の表現を用いて六十字以内で説明しなさい。

問六　━━線部**5**「素のことば」とは、どのような言葉ですか。それを説明した部分を、本文中から十四字でぬき出して答えなさい。

三　次の(1)～(15)の――線部のカタカナは漢字に直し、漢字には読みがなをひらがなで書きなさい。

(1) サイシンの注意をはらう。
(2) フッキュウ工事が進む。
(3) キボが小さい遺跡《いせき》。
(4) 誕生会にショウタイする。
(5) ぼくの出るマクはなかった。
(6) 床暖房《ゆかだんぼう》が標準シヨウの家。
(7) バレエ団のコウエン。
(8) 席にツく。
(9) 責任をオう。
(10) ハタをふる。
(11) 直筆の手紙。
(12) 勇気を奮う。
(13) 秋の気配がする。
(14) 洋画の手法をまねる。
(15) 一糸乱れぬダンス。

四　次の(1)～(5)のあとに続ける言葉として、最もふさわしいものを、次の**ア**～**ク**からそれぞれ選び、記号で答えなさい。ただし、記号は一回しか使えません。

(1) いもを洗うような
(2) 雲をつかむような
(3) 身を切るような
(4) きつねにつままれたような
(5) 水を打ったような

ア 話　**イ** 顔　**ウ** 目つき　**エ** 勢い
オ 静けさ　**カ** 寒さ　**キ** 混雑　**ク** 性格

五

次の(1)～(3)は、どんなものや生き物について書かれた詩ですか。【例】にならって、それぞれ答えなさい。

【例】蹴《け》らないでくれ
眠らせてほしい
もうここで
ただひたすら
眠らせてくれ

（高見　順『詩集　死の淵《ふち》より』）

【答え】小　石

(1)

僕《ぼく》は地平線に飛びつく
僅《わずか》に指さきが引っかかった
僕は世界にぶら下った
筋肉だけが僕の頼《たの》みだ
僕は赤くなる　僕は収縮する
足が上ってゆく
おお　僕は何処《どこ》へ行く
大きく世界が一回転して
僕が上になる
高くからの俯瞰《ふかん》
ああ　両肩《りょうかた》に柔軟《じゅうなん》な雲

（村野　四郎『体操詩集』）

※　俯瞰　＝　高い所から見下ろすこと。

(2)

きょうは
うれしいことがありましたので
のはらに
リボンをかけました

（工藤　直子『のはらうたⅢ』）

(3)

つくつくほうしが
なくころになると、
あの　ゆうびんの　マークが、
きっと　しらせにきます。
金色の空から
もう　秋ですよ……って

（まど・みちお『まど・みちお全詩集』）

令和3年度
野田学園中学・高等学校
入学試験問題
＜一般入試＞

算　数

（50分／100点）

＜注　意＞

※　問題は 1 から 4 まであります。答えは，すべて解答用紙に記入しなさい。

1　次の（１）～（10）の問いに答えなさい。

（１）$38-27\div 9$ を計算しなさい。

（２）$6-\{26-4\times(8-3)\}$ を計算しなさい。

（３）$9\times 3.14+4\times 3.14-3.14\times 3$ を計算しなさい。

（４）$\frac{1}{2}\times\frac{1}{3}+\frac{1}{4}\div\frac{1}{5}-\frac{1}{6}$ を計算しなさい。

（５）$\left(2.4+\frac{3}{5}\right)\div\left(2.6-\frac{2}{3}\times 0.9\right)$ を計算しなさい。

（６）６Lのガソリンで７５km走る自動車があります。この自動車が４０Lのガソリンで走ることのできるきょりは，何kmか求めなさい。

（７）３００ページの小説を，１日目は全体の５０％，２日目は残りの４０％を読みました。２日目までに読んだページは，何ページか求めなさい。

（8）下の図の**ア**の角の大きさを求めなさい。

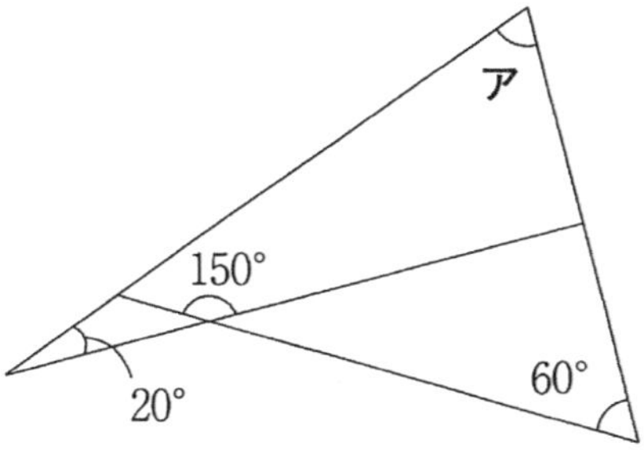

（9）下の図で台形ABCDの面積が１０cm²のとき，色をぬった部分の面積を求めなさい。

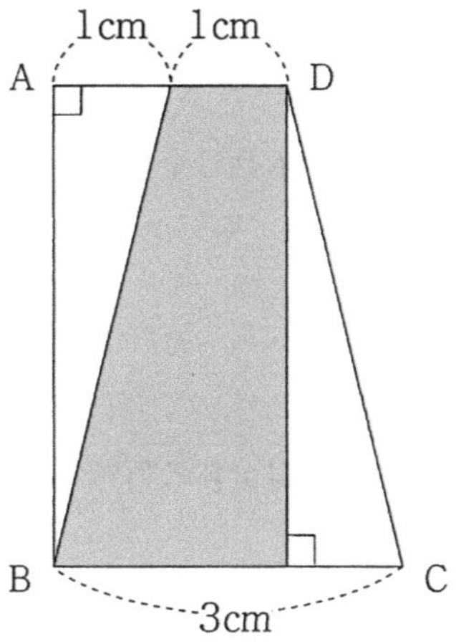

(10) 右の図の三角柱について，展開図として正しいものを下の①～④から
すべて選び記号で答えなさい。

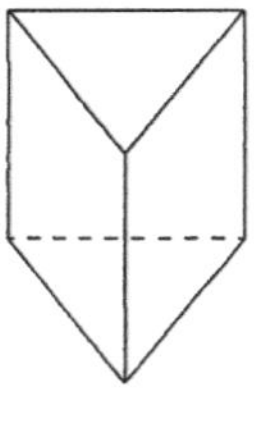

①

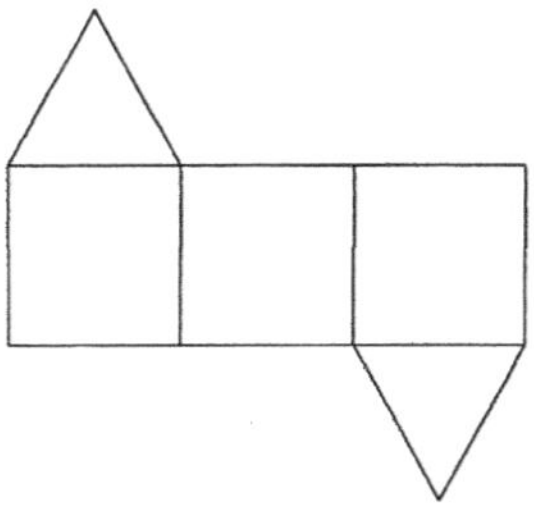

②

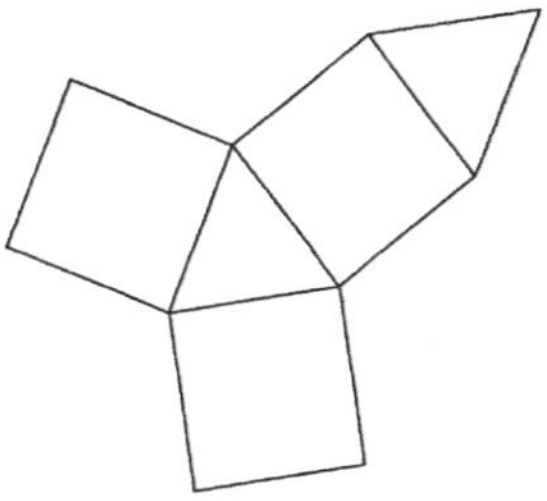

③

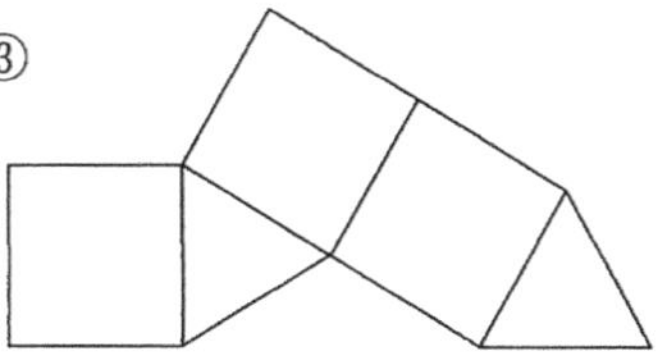

④

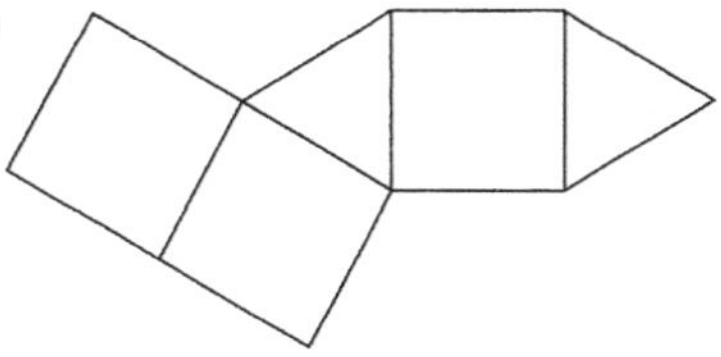

２　下の図は，はるとさんの家の畑とゆうたさんの家の畑を表しています。

はるとさんの家の畑は全体で５０m^2あり，そのうち２０m^2がじゃがいも畑で，トマト畑はじゃがいも畑の0.6倍の広さです。また，ゆうたさんの家の畑は全体の６０％がじゃがいも畑です。残りは花畑で，ひまわり畑は，花畑の３０％にあたる１８m^2の広さです。このとき，次の（１）～（４）の問いに答えなさい。

はるとさんの家の畑

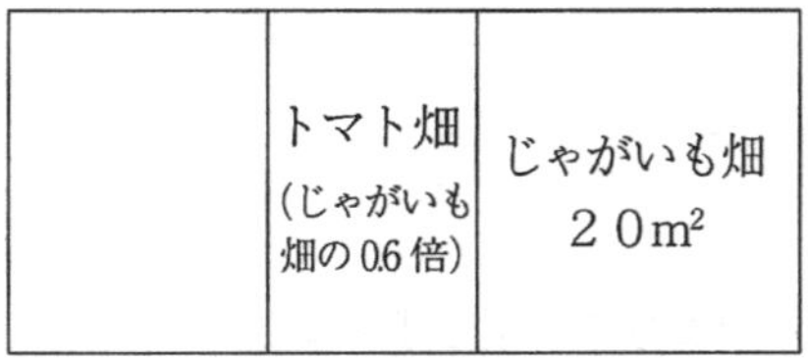

ゆうたさんの家の畑

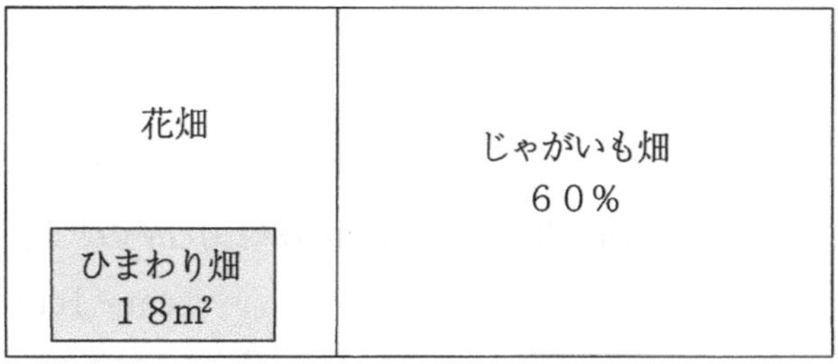

（１）はるとさんの家の畑について，じゃがいも畑は全体の何％か求めなさい。

（２）はるとさんの家の畑について，トマト畑は全体の何％か求めなさい。

（３）ゆうたさんの家の畑全体の面積は何m^2か求めなさい。

（４）はるとさんの家の畑では２５kg，ゆうたさんの家の畑では１００kgのじゃがいもがとれました。もし，２人の家の畑が同じ面積だったとすると，じゃがいもが多くとれるのはどちらの家の畑といえますか。答えだけでなく，とちゅうの考え方を示す式や数字などもかきなさい。

（計算用紙）

3　立方体を積み重ねてできる立体について，太郎さん，花子さん，先生の３人が会話をしています。次の会話を読んで，あとの（1）～（3）の問いに答えなさい。

先生「１辺が２cmの立方体を，図１のように，すき間なく積んでできる立体について考えてみよう。５段目まで積み重ねたとき，５段目には何個の立方体があるかな。」

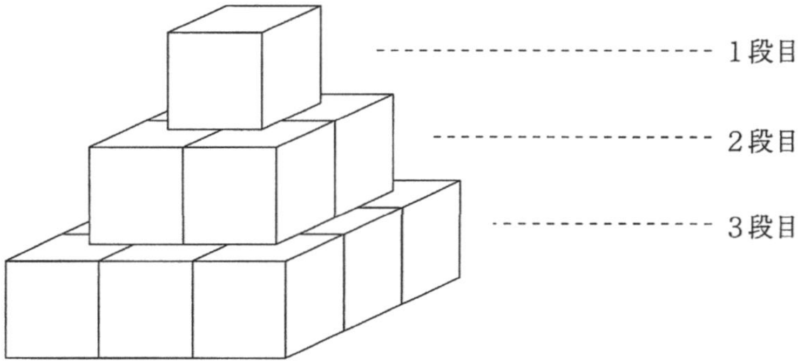

図１

先生「２段目には４個，３段目には９個の立方体があるよね。」

太郎「なるほど。５段目には（ア）個あるね。」

先生「そうだね。では，５段目まで積み重ねた立体について，問題をつくってみよう。」

花子「先生，こんな問題はどうでしょう。」

先生「もうできたんですか，花子さん。どんな問題ですか。」

花子「立体の表面をペンキでぬったとき，ペンキのぬられたところの面積はいくらでしょう。」

先生「おお，なかなか難しい問題だね。立体の下側もペンキをぬるのかな。」

花子「はい。下側にもぬります。」

太郎「それぞれの立方体で１つの面の面積は（イ）cm^2だから，ペンキのぬられた面の数を数えればいいのかな。」

先生「そうかな。１段目はペンキのぬられた面は５つだけれども，２段目はどうだろう。」

太郎「１つの面のなかに，ペンキのぬられている部分とぬられていない部分がある面もあるなあ。２段目を上から見た図をかいてみると，図２のようになるね。この図をつかって面積を考えてみよう。」

先生「２段目だけの図ですね。１段目と重なっているところはペンキがぬられていないところだね。」

太郎「はい，そうです。２段目の上側の面積は，正方形の面積からペンキがぬられていない部分の面積を引けばいいから，（X）＝（ウ）というように求めることができるよ。」

花子「図３のように１段目をずらして考えても，ペンキのぬられた部分の面積は変わらないよね。」

先生「そのように考えることもできるね。」

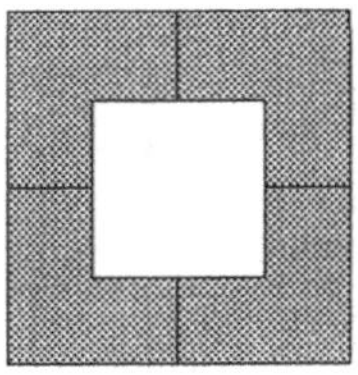

図2

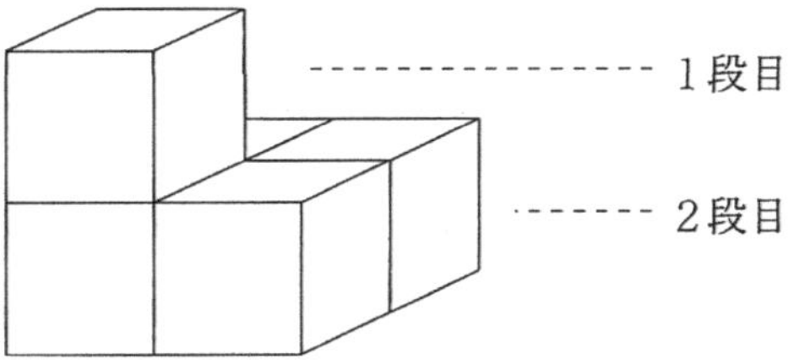

図3

太郎「ということは，５段目まで積み重ねた立体のペンキがぬられたところの面積は （エ） cm^2だ。」

花子「正解です。」

先生「よくできましたね，太郎さん。では応用問題です。このとき，一か所もペンキのぬられていない立方体の体積の和はいくらになるかな。」

太郎「え。やっと花子さんの問題が解けたのに，先生からも問題ですか。」

花子「一か所もペンキのぬられていない立方体は全部で （オ） 個あるので，答えは （カ） cm^3です。」

先生「さすが花子さん。正解です。」

（１）（ア）～（カ）にあてはまる数を求めなさい。

（２）（X）にあてはまる式を書きなさい。

（３）１０段目まで積み重ねた立体の表面にペンキをぬったとき，一か所もペンキのぬられていない立方体の体積の和を求めなさい。

4　次の文章を読み，あとの（1）～（3）の問いに答えなさい。

［1］1から6の目がある2つのサイコロA，Bを同時に投げたとき，出た目の数をそれぞれ a，b とし，右の図1の点Oから東の方向に a cm，北の方向に b cm進んだ点を対応させ，（a，b）と表します。たとえば，Aが2，Bが3の目が出た場合は，点（2，3）を対応させます。

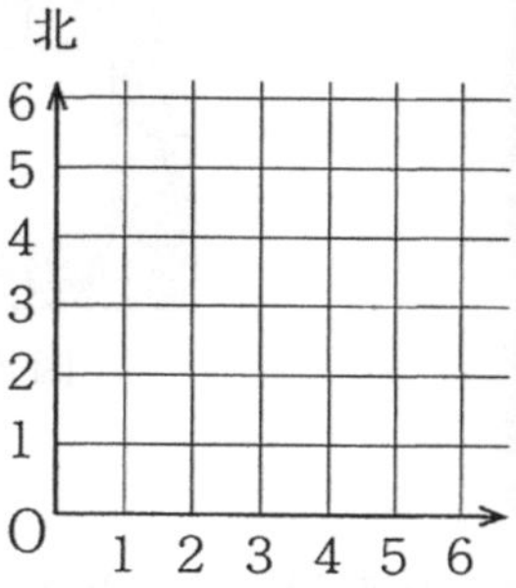

※　1めもりは1cm

図1

このとき，出た目の数の和 $a+b$ について考えます。

・$a+b=2$，$a+b=12$　となる点は，どちらも1個。

・$a+b=3$，$a+b=11$　となる点は，どちらも [ア] 個。

・$a+b=4$，$a+b=10$　となる点は，どちらも [イ] 個。

・$a+b=5$，$a+b=9$　となる点は，どちらも [ウ] 個。

・$a+b=6$，$a+b=8$　となる点は，どちらも [エ] 個。

・$a+b=7$　となる点は，6個。

以上から，点（a，b）の個数は，全部で2×（ [オ] ）＋ [カ] （個）あることがわかります。

［2］1から6の目がある3つのサイコロA，B，Cを同時に投げたとき，出た目の数をそれぞれ a，b，c とし，下の図2の点Oから東の方向に a cm，北の方向に b cm，上の方向に c cm進んだ点を対応させ，（a，b，c）と表します。たとえば，Aが2，Bが3，Cが4の目が出た場合は，点（2，3，4）を対応させます。

このとき，点（a，b，c）は，下の図3のような1辺の長さが1cmの立方体を積み重ねたときの，立方体の各頂点に対応します。

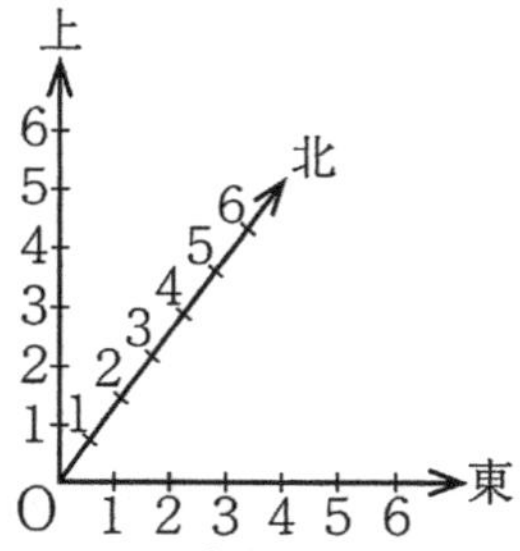

※　1めもりは1cm

図2

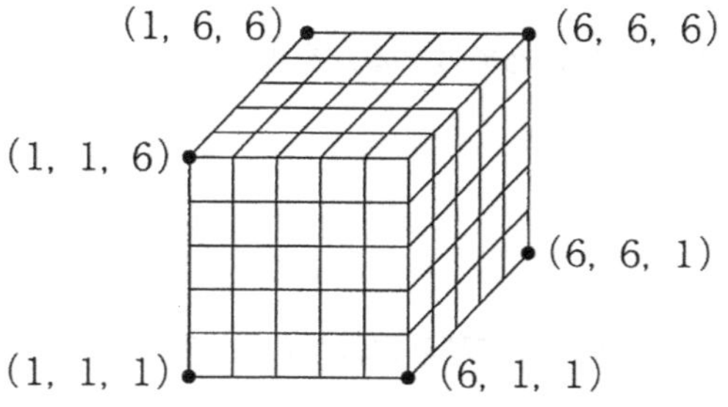

図3

ここで，出た目の数の和 $a+b+c$ について考えます。

・$a+b+c=3$ となる点は，（1，1，1）の1個となります。

・$a+b+c=4$ となる点は，（1，1，2），（1，2，1），（2，1，1）の3個あります。また，これらの3点を結んでできる三角形は [キ] 三角形となります。

・$a+b+c=5$ となる点は，全部で [ク] 個あり，これらは，3点（1，1，3），（3，1，1），（1，3，1）を結んでできる三角形の辺上にあります。

・$a+b+c=8$となる点は，３点 X を結んでできる三角形に含まれています。この三角形は，$a+b+c=4$となる3点（1，1，2），（1，2，1），（2，1，1）を結んでできる三角形を ケ 倍に拡大した三角形となります。このことから，$a+b+c=8$となる場合は，全部で コ 個となります。

（1） ア ～ コ にあてはまる数または言葉を答えなさい。

（2） X にあてはまる３点を答えなさい。

（3）$a+b+c=5$となる点は，３点（1，1，3），（3，1，1），（1，3，1）を結んでできる三角形の辺上にあります。

3点（1，1，3），（3，1，1），（1，3，1）以外の点と，その点を表す（a，b，c）を解答らんの図に書き込みなさい。

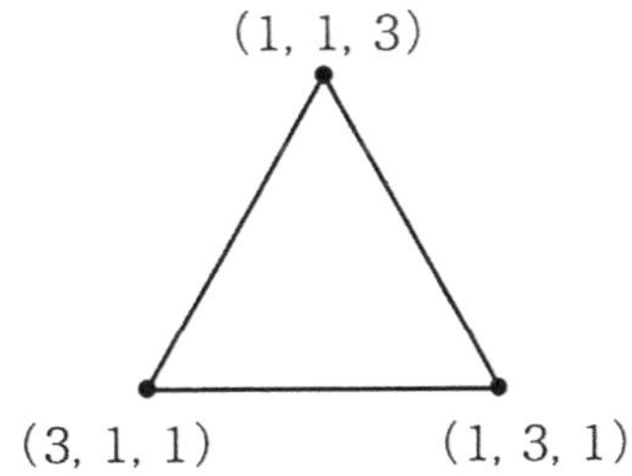

(計算用紙)

令和3年度

野田学園中学·高等学校

入学試験問題

＜一般入試＞

理　科

（30分／50点）

＜注　意＞

※　問題は 1 から 4 まであります。答えは，すべて解答用紙に記入しなさい。

1　次の文章を読み，（1）～（5）に答えなさい。

ヒトは，口の中でかみくだいた食べ物を（　a　）して，体に吸収されやすい養分にしています。養分は，いくつかの臓器《ぞうき》を通り，血液に入って心臓《しんぞう》に送られ，心臓《しんぞう》から体のすみずみに運ばれます。

ヒトの口の中での食べ物の様子を調べるために，【実験１】，【実験２】を行いました。

【実験１】

水にかたくり粉を入れて加熱してとかした液体（以下，かたくり粉液とよぶ）をつくり，うすいヨウ素溶液をたらすと，青むらさき色になった。このことから，かたくり粉には（　b　）がふくまれていることがわかった。

【実験２】

①　４本の試験管A～Dに同じ量ずつかたくり粉液を入れた。

②　A，Bにはだ液を，C，Dには水を入れてよくふりまぜた。

③　A，Cを37℃の湯に，B，Dを4℃の水にそれぞれ10分間つけた。

④　試験管A～Dにうすいヨウ素溶液をたらした結果，表のようになった。

試験管	結果
A	色の変化がなかった。
B	青むらさき色になった。
C	青むらさき色になった。
D	青むらさき色になった。

⑤　A，Bにかたくり粉液を追加して，37℃の湯に10分間つけてふりまぜた。その結果，Aでは，液体の色の変化がなかったが，Bでは，青むらさき色がうすくなり，ほとんど色がなくなった。

（1） 文章中の（　a　），（　b　）に適する語句をそれぞれ答えなさい。ただし，（　a　）は漢字２字で，（　b　）はカタカナ４字で答えなさい。

（2） 口から取り入れた食べ物に含まれる養分が，心臓《しんぞう》に運ばれるまでに通る臓器《ぞうき》を，下図の**ア～オ**からすべて選び，養分が通る順にならべなさい。

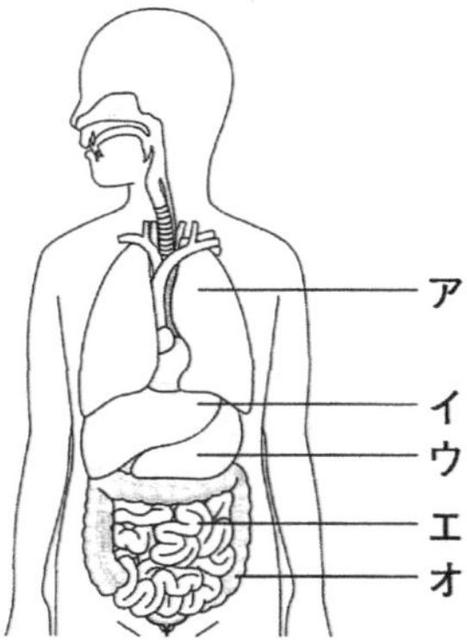

（3） ヒトの臓器《ぞうき》について説明した文として適切なものを，次の**ア～エ**から１つ選び，記号で答えなさい。

ア　肺《はい》では，血液の中に二酸化炭素が取り込まれて，酸素が出されている。
イ　腎臓《じんぞう》では，血液から余分なものがこし出されて，腎臓《じんぞう》から直接体外に出している。
ウ　肝臓《かんぞう》では，吸収した養分の一部がたくわえられている。
エ　大腸《だいちょう》では，食べ物から吸収した水で尿《にょう》がつくられている。

（4） 【実験２】で，だ液のかわりに水を入れた試験管を用意した理由を，「だ液」の語句を使って説明しなさい。

（5） 【実験１】，【実験２】から考えられることとして適切なものを，次の**ア～カ**から２つ選び，記号で答えなさい。

ア　だ液には，うすいヨウ素溶液を青むらさき色に変えるはたらきがある。
イ　だ液は，37℃で活発にはたらく。
ウ　だ液は，4℃で活発にはたらく。
エ　だ液は，一度はたらくとはたらきを失う。
オ　だ液とかたくり粉液を入れた試験管を，４℃の水につけた後，37℃の湯につけてから，うすいヨウ素溶液をたらすと液体が青むらさき色に変化する。
カ　だ液とかたくり粉液を入れた試験管を，37℃の湯につけた後，４℃の水につけてから，うすいヨウ素溶液をたらすと液体の色は変化しない。

2　太郎さんは，理科の授業で，**図1**のような洗たくばさみを例にして，てこのしくみを学習しました。次に，**図2**の装置を使って，【実験1】～【実験3】を行いました。次の（1）～（4）に答えなさい。ただし，実験で使用した棒は，同じものでできていて，太さはどの部分も同じです。また，皿を支えるひもと皿の重さは考えないこととします。

図1

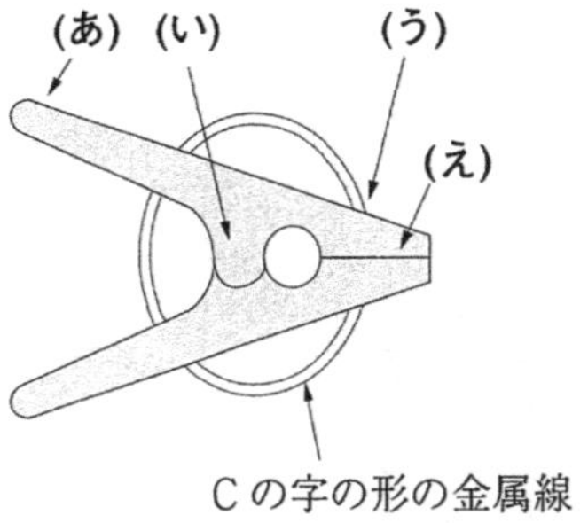

図2

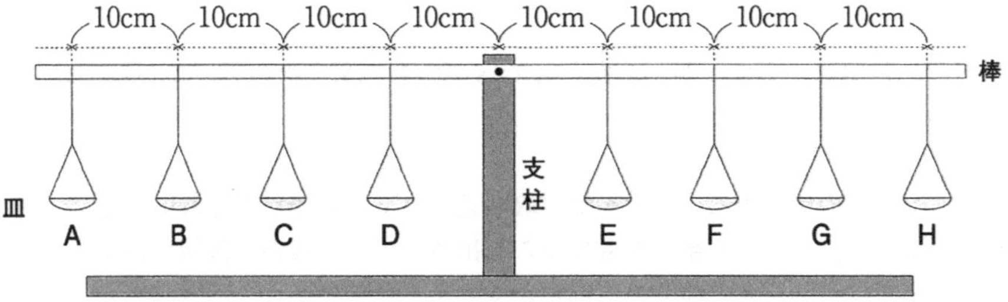

【実験1】

① **C**の皿に60gのおもりを1つのせる。

② **E**の皿に何gのおもりをのせると棒が水平になるかを調べる。

③ **F**の皿と**G**の皿もそれぞれ②と同じように調べる。

②と③の実験結果

おもりの位置	E	F	G
おもりの重さ（g）	ア	イ	ウ

【実験2】

① **C**の皿に30gのおもりを1つのせる。

② 10gのおもり2つを**C**以外の皿に1つずつのせて，棒が水平になるにはどの皿を使用すればよいかを調べる。

【実験3】

① **C**の皿に50gのおもりを1つのせる。

② 20gのおもり3つを**C**以外の皿に1つずつのせて，棒が水平になるにはどの皿を使用すればよいかを調べる。

（1） **図1**の洗たくばさみでは，支点，力点，作用点はどの位置になりますか。**(あ)**～**(え)**から
それぞれ1つずつ選び，記号で答えなさい。

（2）【実験1】の**ア**～**ウ**の値をそれぞれ答えなさい。

（3）【実験2】で，棒が水平になったときにおもりをのせた皿を**図2**の**A**～**H**から2つ選び，記号で答えなさい。

（4）【実験3】で，棒が水平になったときにおもりをのせた皿を**図2**の**A**～**H**から3つ選び，記号で答えなさい。

3 下の表は，ミョウバン，食塩，ホウ酸の３種類の物質について，水50gにとける最大の量を温度別に表したものです。これらの３種類の物質を使って,【実験１】～【実験３】を行いました。次の（１）～（４）に答えなさい。ただし，水にいくつかの物質をまぜてもそれぞれのとけ方には関係しないものとし，水溶液はすべてろ紙を通りぬけることとします。なお，水溶液の濃《こ》さとは，物質が同じ量の水にとける量であり，物質が同じ量の水に，より多くとけていることを濃《こ》いと表します。

水の温度（℃）	0	10	20	30	40	50	60	70	80
ミョウバン（g）	2.8	3.8	5.7	8.2	12.0	18.1	28.8	55.1	160.3
食塩（g）	17.8	17.9	17.9	18.0	18.2	18.3	18.5	18.7	19.0
ホウ酸（g）	1.4	1.8	2.4	3.4	4.5	5.7	7.4	9.3	11.8

【実験１】

70℃の水50gを入れたビーカーを３つ用意し，それぞれのビーカーにミョウバン，食塩，ホウ酸を50gずつ入れてよくかきまぜた。

【実験２】

① 60℃の水50gを入れたビーカーを１つ用意し，そのビーカーにミョウバン，食塩，ホウ酸を20gずつ入れてよくかきまぜたところ，とけ残りが生じた。

② ①のビーカーの中身すべてをろ過した。

③ ②でろ紙に残ったとけ残りをすべて空のビーカーに移し，40℃の水50gを入れてよくかきまぜてできたものをろ過したところ，とけ残りがろ紙に残っていた。

【実験３】

① 50℃の水50gを入れたビーカーを１つ用意し，そのビーカーにミョウバン，食塩，ホウ酸を30gずつ入れてよくかきまぜたところ，とけ残りが生じた。

② ①のビーカーの中身すべてをろ過した。

③ ②でろ紙に残ったとけ残りすべてを空のビーカーに移し，ある温度の水50gを入れてよくかきまぜたところ，とけ残りが生じた。

（1）【実験１】で，もっとも濃《こ》い水溶液はどの水溶液ですか。ミョウバン，食塩，ホウ酸の中から１つ選んで答えなさい。

（2）【実験１】で，もっとも濃《こ》い水溶液の温度を10℃下げると，とけている物質の量と水溶液の濃《こ》さはそれぞれどのようになりますか。もっとも適切なものを，次の**ア**～**ウ**から１つずつ選び，記号で答えなさい。ただし，同じものを選んでもよいこととします。

ア　大きくなる　　　**イ**　小さくなる　　　**ウ**　変わらない

（3）【実験２】からわかることとして適切なものを次の**ア**～**オ**から２つ選び，記号で答えなさい。

ア　①で生じたとけ残りには，ミョウバンのみが存在する。
イ　①で生じたとけ残りには，食塩とホウ酸が存在する。
ウ　③で生じたとけ残りには，ミョウバンのみが存在する。
エ　③でろ過した後の水溶液には，食塩をさらにとかすことができる。
オ　③でろ過した後の水溶液には，ホウ酸をさらにとかすことができる。

（4）【実験３】の③で最後に生じたとけ残りは，ビーカーの水がある温度になるとホウ酸のみになります。その温度として適切なものを，次の**ア**～**オ**からすべて選び，記号で答えなさい。

ア　0℃　　**イ**　15℃　　**ウ**　30℃　　**エ**　45℃　　**オ**　60℃

4　花子さんは，１１月１日から星座や星の動きの観察を行いました。**観察１**～**観察４**は，観察した内容をまとめたものの一部です。次の（１）～（５）に答えなさい。

観察１：１１月１日　２１時の観察結果

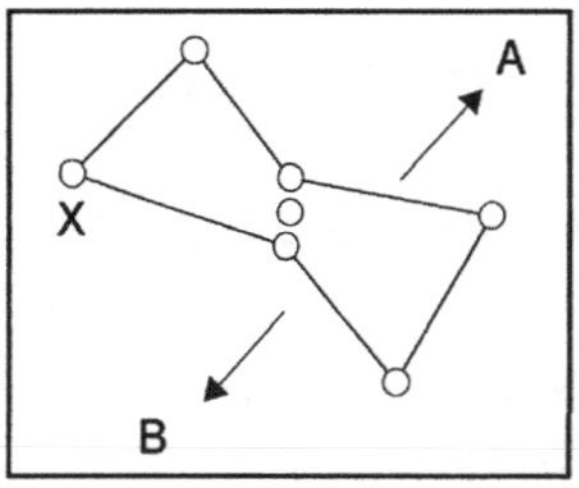

東の空でオリオン座を観察することができた。

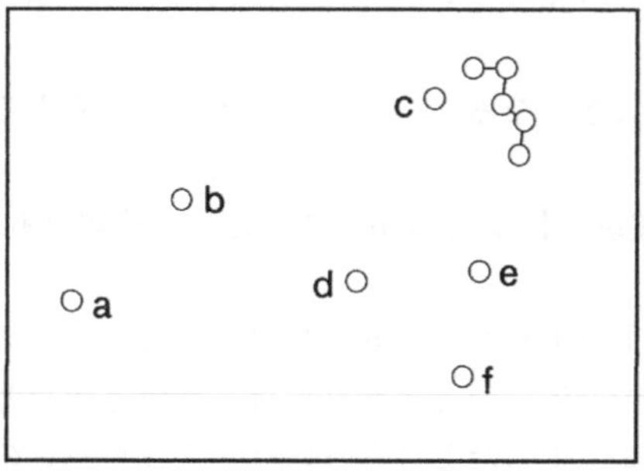

北の空で，カシオペア座と北極星と北斗七星を観察することができた。

観察２：１１月１日　２２時の観察結果

オリオン座を再び観察すると，２１時で観察した位置から15°移動していた。

観察３：１１月１６日　２１時の観察結果

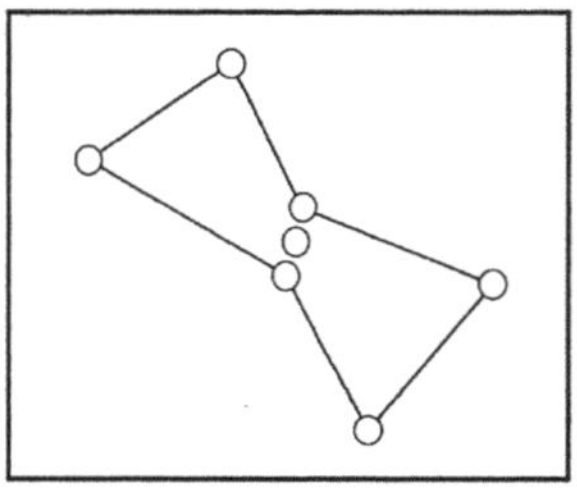

オリオン座が，１１月１日２１時に観察した位置から 15°，**観察１**と同じ方向に移動していた。

観察４：１２月１日　２１時の観察結果

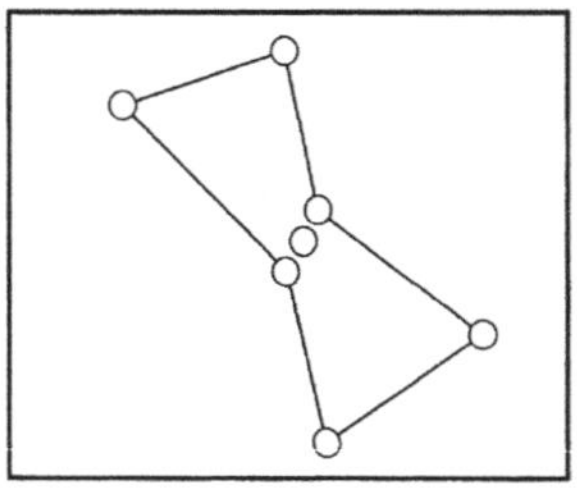

オリオン座が，１１月１６日２１時に観察した位置から 15°，**観察１**と同じ方向に移動していた。

（1）　１１月１日に観察した**X**の星の名前を，次の**ア**～**エ**から１つ選び，記号で答えなさい。

ア　リゲル　　　**イ**　プロキオン　　　**ウ**　ベテルギウス　　　**エ**　シリウス

（2）　**観察２**のオリオン座が移動した方向は，**観察１**の**A**，**B**のどちらですか。

（3）　**観察１**の**a**～**f**から，北極星の位置を表しているものを１つ選び，記号で答えなさい。

（4）　**観察１**で見えた北斗七星の形として，もっとも適するものを次の**ア**～**エ**から１つ選び，記号で答えなさい。

ア	イ	ウ	エ
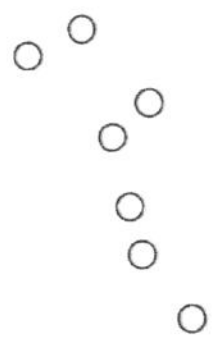		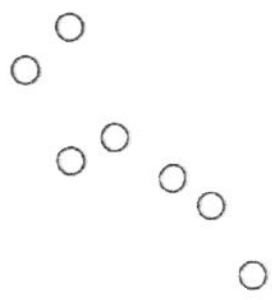	

（5）　次の文章は，**観察１**～**観察４**を行った後，花子さんが星座や星の動きについてまとめたものです。文章中の（　①　），（　②　）に適する数字をそれぞれ答えなさい。

- 星座や星は１時間に15°移動することがわかった。
- １つの星座を同じ時間に観察したとき，１日に１°移動することがわかった。
- １２月１日に見えるオリオン座が，１１月１日の２１時と同じ位置で見える時間は（　①　）時頃だとわかった。
- １２月２日に見えるオリオン座は，１８時（　②　）分頃に１２月１日の（　①　）時頃と同じ位置に見えることがわかった。

令和3年度

野田学園中学・高等学校

入学試験問題

＜一般入試＞

社　会

（30分／50点）

＜注　意＞

※　問題は 1 から 5 まであります。答えは，すべて解答用紙に記入しなさい。

1 次の問いに答えなさい。

（1） 次の各問いに答えなさい。

① 世界には，6つの大陸があり，3つの海洋でつながっている。東部《とうぶ》がインド洋に，西部《せいぶ》が大西洋に面している大陸名を答えなさい。

② 地球儀《ちきゅうぎ》を使って，右の写真のように，日本から東にテープを伸《の》ばしていったとき，はじめにたどりつく大陸名を答えなさい。

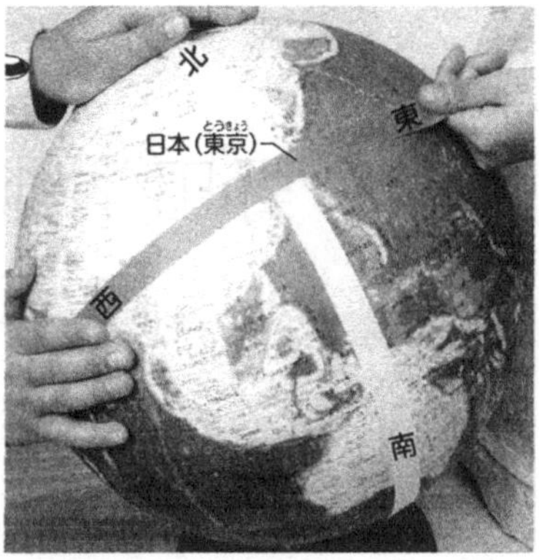

（2） 次の①，②の文は，下の図1中**ア**～**カ**のいずれかの国の特徴《とくちょう》を述べたものです。それぞれにあてはまる国名と，記号を答えなさい。

① 世界で2番目に面積が大きく，大自然に囲まれた国である。国土の西部にある山脈《さんみゃく》は自然公園として整備され，氷河や貴重《きちょう》な野生《やせい》動物も見られる。

② この国ではラグビーがさかんで，代表チームはワールドカップでも3回優勝している。羊の飼育《しいく》をはじめとして，酪農《らくのう》や肉牛飼育もさかんである。

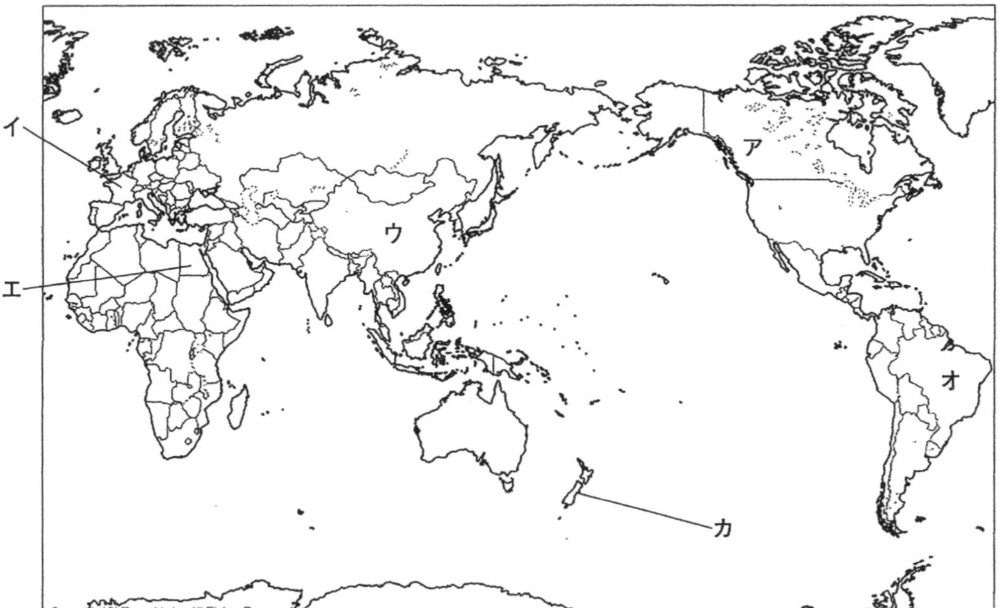

図1

（3） 次の図2を見て，各問いに答えなさい。

① 季節風が，図2中（**あ**）の方位から吹く季節を答えなさい。

② 次のグラフで表される気候が見られる都市を，図2中**ア**～**エ**から1つ選び，記号で答えなさい。

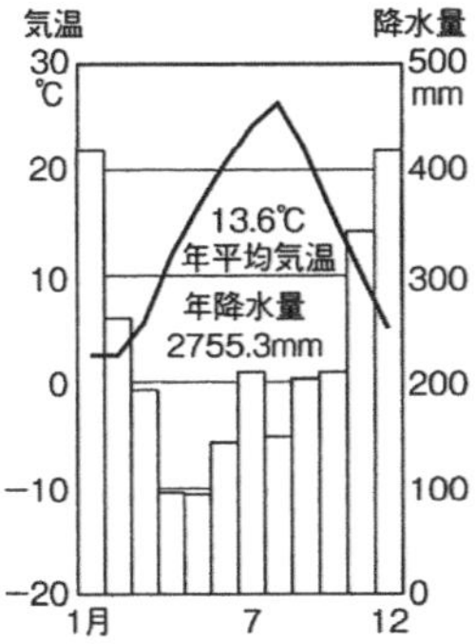

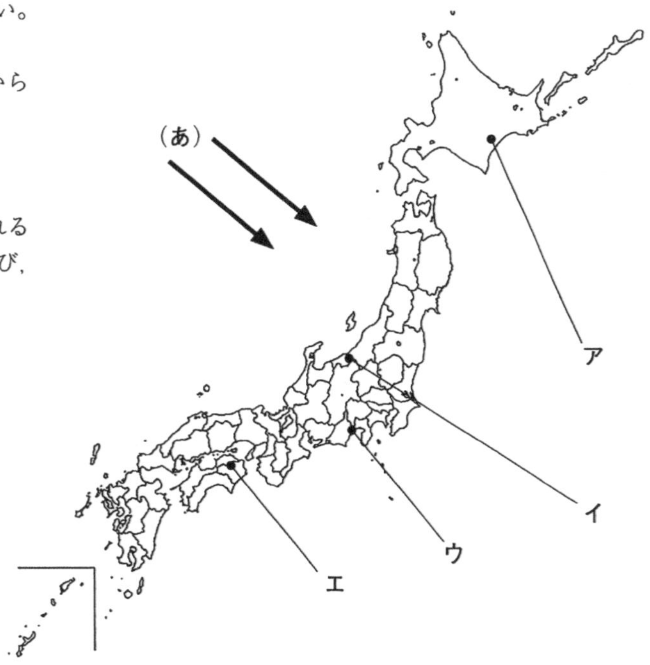

図2

2 次の問いに答えなさい。

（1） 次の図1を見て，各問いに答えなさい。

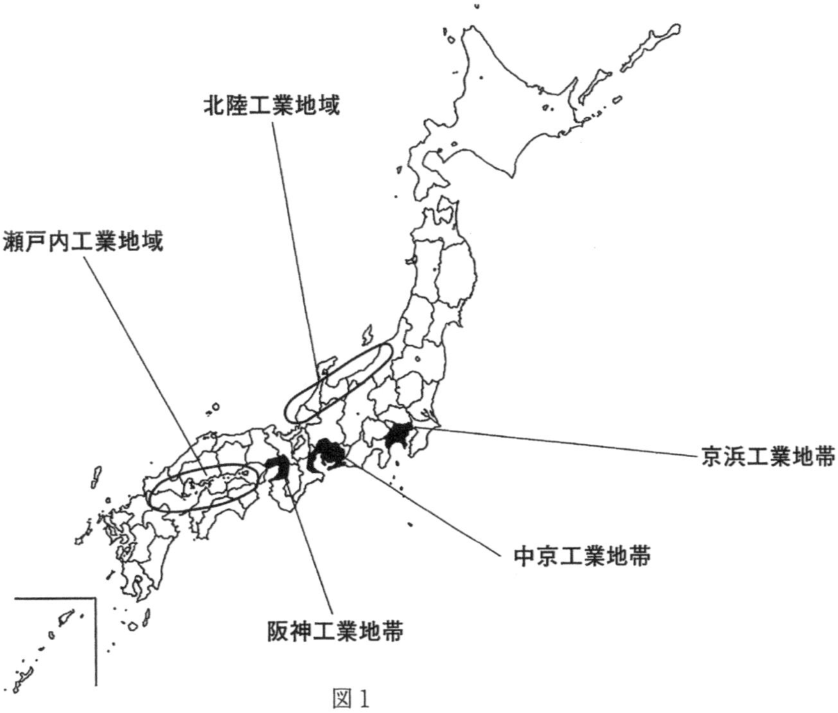

図1

① 次の表は，図１中の工業地帯，工業地域における製造品《せいぞうひん》出荷額《しゅっかがく》の割合と出荷額を示したものです。「阪神工業地帯」，「瀬戸内工業地域」にあてはまるものを，それぞれ**ア**～**オ**から選び，記号で答えなさい。

	金属	機械	化学	食料品	せんい	その他	出荷額
ア	8.3%	50.9%	16.6%	11.1%	0.5%	12.6%	24.5 兆円
イ	17.3%	36.8%	20.6%	8.4%	2.2%	14.7%	29.1 兆円
ウ	16.4%	38.9%	13.2%	10.1%	4.5%	10.1%	13.4 兆円
エ	20.0%	36.2%	17.2%	11.6%	1.4%	13.6%	31.4 兆円
オ	9.1%	69.2%	6.1%	4.8%	0.8%	10.0%	55.1 兆円

（2016 年　『日本国勢図会 2019/2020』より作成）

② 北陸工業地域の中に位置する，石川《いしかわ》県輪島《わじま》市のようすを述べた文として，もっともあてはまるものを，次の**ア**～**エ**から選び，記号で答えなさい。

ア　もともと金属工業がさかんであったが，現在は洋食器《ようしょっき》の生産がさかんである。
イ　めがねわくの生産がさかんであり，現在では国内生産の 90％以上をしめている。
ウ　この地域に豊富にあるしっきの原料となる木を使って，固くて丈夫な食器を生産した。
エ　染物《そめもの》がさかんで，かつては近くを流れる川の水で染料やのりを落としていた。

③ 日本では，30 年ほど前から製造業で働く人が減ってきています。その理由を「海外」という言葉を使って説明しなさい。

（２） 次の図２を見て，各問いに答えなさい。

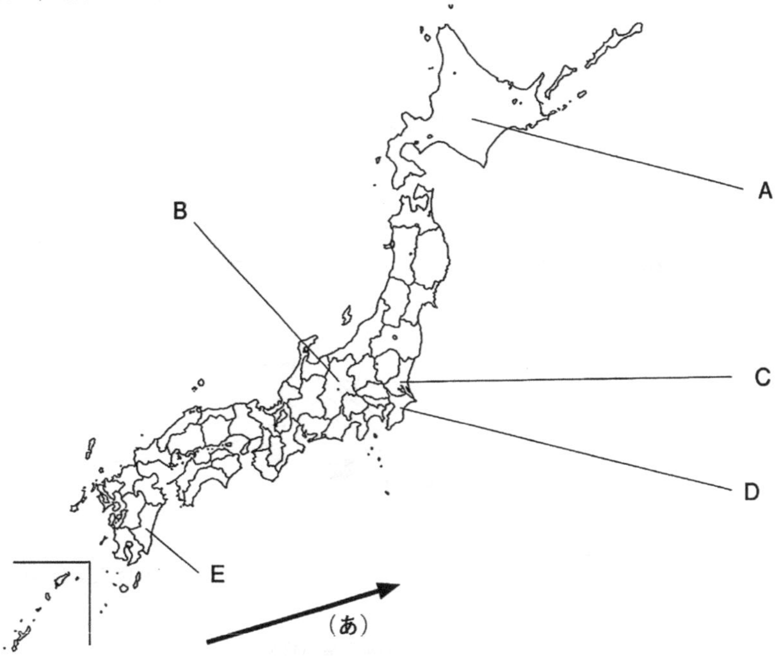

図２

① 次の表は，図２中**A**～**E**の都道府県における，だいこん，キャベツ，たまねぎ，レタス，きゅうりの生産量を示したものです。**E**にあてはまるものを**ア**～**オ**から１つ選び，記号で答えなさい。

	だいこん	キャベツ	たまねぎ	レタス	きゅうり
ア	147100	44900	843700	12700	15500
イ	155700	12900	5610	9570	33700
ウ	79600	24900	1950	1680	61300
エ	21700	67300	4530	205800	15100
オ	57400	107100	5020	86100	26600

単位：トン（2016年 『データでみる県勢2018』より作成）

② 日本では，50年ほど前から，米があまるようになりました。その後の農業について述べた文として，**あてはまらないもの**を，次の**ア**～**エ**から１つ選び，記号で答えなさい。

ア 生産調整が行われ，他の作物を作るようになった。
イ 専業《せんぎょう》農家を増やし，生産量を上げるようにした。
ウ 品種《ひんしゅ》改良を進め，消費者の人気の高い品種を開発している。
エ 共同《きょうどう》で農作業を行ったり，お金を出し合って農業機械を買ったりする生産組合《くみあい》が増えている。

③ 図２中（**あ**）の海流名を答えなさい。

④ 次の表は，北海道，静岡《しずおか》県，長崎《ながさき》県，青森《あおもり》県における，まぐろ，かつお，さけ，あじ，さばの漁獲《ぎょかく》量を示したものです。静岡県にあてはまるものを，**ア**～**エ**から１つ選び，記号で答えなさい。

	まぐろ	かつお	さけ	あじ	さば
ア	1073	3718	117111	28	4161
イ	3291	5060	3738	209	23624
ウ	3927	11232	—	66833	66893
エ	30660	81589	—	1506	57533

単位：トン（2016年 『データでみる県勢2018』より作成）

3 次の年表は，3世紀から17世紀までのおもなできごとについてまとめたものです。これを見て，下の問いに答えなさい。

年代	おもなできごと
3～7世紀	**(あ)** 各地に古墳《こふん》がつくられる。
710年	**(い)** 奈良《なら》に新しい都《みやこ》がつくられる。
1159年	**(う)** 平治《へいじ》の乱がおきる。
	↕（Ⅰ）
1397年	(　A　) が，金閣《きんかく》を建てる。
	↕（Ⅱ）
1575年	**(え)** 長篠《ながしの》の戦いで，織田《おだ》・徳川《とくがわ》連合軍と武田《たけだ》軍が戦う。
1603年	徳川家康《いえやす》が，江戸《えど》に幕府《ばくふ》を開く。
1641年	(　B　) が，**(お)** オランダ商館《しょうかん》を出島《でじま》に移す。

（1）（　A　），（　B　）にあてはまる人物名を答えなさい。

（2）下線部（**あ**）について述べた文としてもっともあてはまるものを，次の**ア**～**エ**から選び，記号で答えなさい。

ア 古墳とは，土木工事などの進んだ技術を身につけた渡来人《とらいじん》たちの墓である。
イ 弥生《やよい》時代の初めごろ，今の近畿《きんき》地方に，大きな前方後円墳《ぜんぽうこうえんふん》がたくさんつくられた。
ウ 奈良盆地にある仁徳天皇陵《にんとくてんのうりょう》古墳（大仙《だいせん》古墳）は，5世紀につくられた日本最大の古墳である。
エ 古墳の調査《ちょうさ》から，大和朝廷《やまとちょうてい》は，5～6世紀ごろには，九州《きゅうしゅう》地方から東北《とうほく》地方の南部までの豪族《ごうぞく》や王たちを従《したが》えるようになったことがわかっている。

（3）下線部（**い**）について，各問いに答えなさい。

① この都の名前を，次の**ア**～**エ**から1つ選び，記号で答えなさい。

ア 藤原《ふじわら》京　**イ** 平城《へいじょう》京　**ウ** 恭仁《くに》京　**エ** 平安《へいあん》京

② この都があった場所の発掘《はっくつ》調査により，織物《おりもの》や地方の特産物が税として都に運ばれていたことがわかっています。このような税を何といいますか。答えなさい。

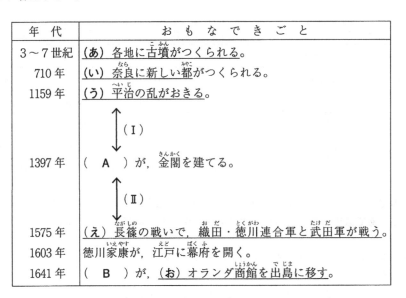

令和三年度　野田学園中学・高等学校　入学試験〈一般入試〉国語　解答用紙

受験番号	
氏名	
得点	

※100点満点
（配点非公表）

一

問一	問二	問三	問四	問五	問六	問七	問八
				A	言い方		
				B	工夫の説明		

小計

二

問一

計

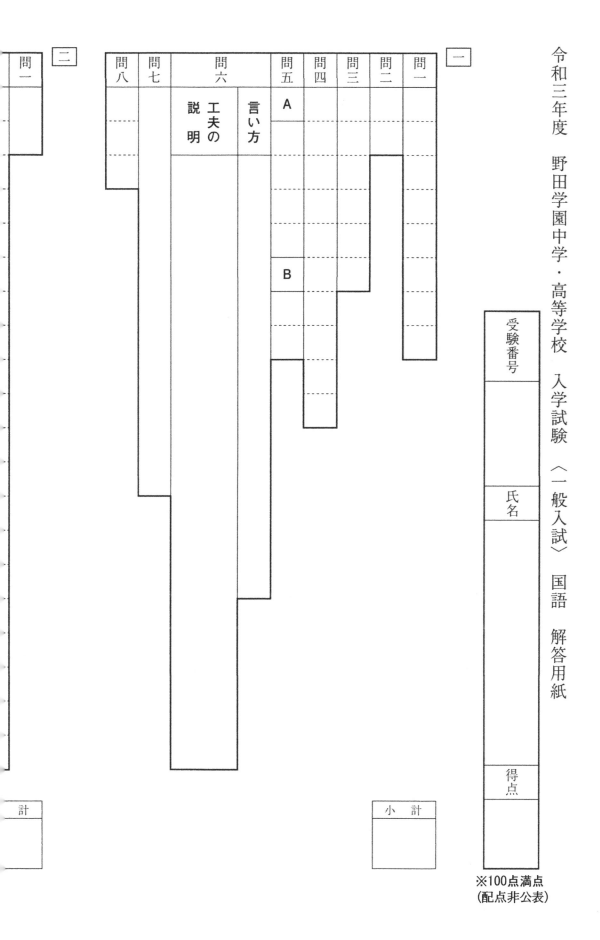

3

(1)	(ア)		(イ)		(ウ)	
	(エ)		(オ)		(カ)	
(2)			(3)	cm^3		

小　計

4

(1)	ア		イ		ウ		エ		オ	
	カ		キ		ク		ケ		コ	
(2)	(　,　,　), (　,　,　), (　,　,　)									

(3)

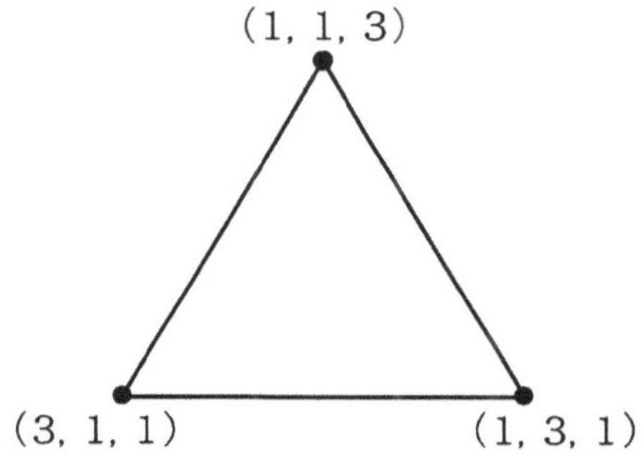

小　計

2021(R3) 野田学園中
K 教英出版

(4)			

小　計

3

(1)				
(2)	とけている物質の量		水溶液の濃《こ》さ	
(3)				
(4)				

小　計

4

(1)				
(2)				
(3)				
(4)				
(5)	①		②	

小　計

(2)		(3)	①		②		
(4)		(5)		(6)			
(7)	①		②				
(8)							

4

(1)		(2)	A		B		
(3)		(4)					
(5)						(6)	

小　計

5

(1)	A		B			
(2)		(3)				
(4)	①		②	が必要である。		
(5)	満　　歳以上	(6)	デザイン			

小　計

令和3年度　野田学園中学·高等学校　入学試験　＜一般入試＞　社会　解答用紙

※50点満点
（配点非公表）

受験番号		氏　名		得　点	

1

(1)	①	大陸	②	大陸	
(2)	①	国名		記号	
	②	国名		記号	
(3)	①		②		

小　計

2

小　計

(1)	①	阪神 工業地帯		瀬戸内 工業地域		②		
	③							
(2)	①		②		③		④	

【解答

3

(1)	A		B	

小　計

令和3年度　野田学園中学·高等学校　入学試験 ＜一般入試＞ 理科　解答用紙

※50点満点
(配点非公表)

受験番号		氏　名		得　点	

1

(1)	a			b				
(2)								
(3)								
(4)								
(5)								

小　計

2

(1)	支点		力点		作用点	
(2)	ア		イ		ウ	

【解答用

令和3年度　野田学園中学･高等学校　入学試験＜一般入試＞　算数　解答用紙

※100点満点
(配点非公表)

受験番号		氏　名		得　点	

1

(1)		(2)		(3)	
(4)		(5)		(6)	km
(7)	ページ	(8)	°	(9)	cm^2
(10)					

小　計

2

(1)	%	(2)	%	(3)	m^2
(4)					

小　計

【解答用

問三

問四

問五

問六

三

(1)

(2)

(3)

(4)

(5)

(6)

(7)

(8) く

(9) う

(10)

(11)

(12) う

(13)

(14)

(15)

小　計

四

(1)

(2)

(3)

(4)

(5)

小　計

五

(1)

(2)

(3)

（4） 下線部（**う**）について，この戦いの結果，平清盛《たいらのきよもり》を中心とした平氏《へいし》一族が強い力をもつようになりました。平清盛がおこなったこととして，**あてはまらないもの**を，次の**ア**～**エ**から１つ選び，記号で答えなさい。

ア むすめを天皇《てんのう》のきさきとし，生まれた子を天皇に立てた。
イ 政治のしかたに反対する人々を厳《きび》しく処ばつした。
ウ 征夷大将軍《せいいたいしょうぐん》として，政治の面でも力を発揮《はっき》した。
エ 一族《いちぞく》を朝廷の中でも重い役につかせた。

（5） 次の**1**～**3**は，(Ⅰ)の期間におきたできごとです。おこった順にならびかえたものはどれですか。下の**ア**～**カ**から１つ選び，記号で答えなさい。

1 幕府のもとに集まった武士たちは，承久《じょうきゅう》の乱で朝廷《ちょうてい》の軍を打ち破った。
2 幕府の政治は，将軍を助ける執権《しっけん》の職についていた北条《ほうじょう》氏に引きつがれた。
3 武士の裁判《さいばん》の基準となる御成敗式目《ごせいばいしきもく》がつくられた。

ア 1→2→3　　イ 1→3→2　　ウ 2→1→3
エ 2→3→1　　オ 3→1→2　　カ 3→2→1

（6） （Ⅱ）の期間に活やくした右の絵の人物について述べた文としてもっともあてはまるものを，次の**ア**～**エ**から選び，記号で答えなさい。

ア 水墨画《すいぼくが》に独自の考えを加えて，新しい画風《がふう》を打ち立てた。
イ 日本の伝統芸能《でんとうげいのう》である能《のう》を大成《たいせい》させた。
ウ 藤原道長《ふじわらのみちなが》のむすめに教育係として仕えた。
エ 「古事記《こじき》」の研究に全力を注《そそ》ぎ，「古事記伝《こじきでん》」を完成させた。

（7） 下線部（**え**）について，各問いに答えなさい。

① 右の絵は長篠《ながしの》の戦いをえがいたものです。図中**ア**，**イ**の軍のうち，織田・徳川連合軍を選び，記号で答えなさい。

② ①で，その答えを選んだ理由を説明しなさい。

（8） 下線部（**お**）について，このできごと以降，貿易は，幕府だけがおこなうことになりました。幕府がとったこの政策を何といいますか。答えなさい。

4　次の文章は，明治《めいじ》時代の日本の状況《じょうきょう》や日本国民のようすについて調べている二人の会話です。これを読んで，下の問いに答えなさい。

学《まなぶ》さん　：江戸時代の終わりに欧米諸国《おうべいしょこく》と結んだ条約《じょうやく》は，日本が相手国に領事裁判権《りょうじさいばんけん》を認めたし，(あ) 関税自主権《かんぜいじしゅけん》ももたないなど，不平等な内容だね。

園子《そのこ》さん：日本の産業を発展させるためには，この不平等条約を改正することが必要だったのね。でも，日本の近代化のおくれなどを理由に，諸外国《しょがいこく》との交渉《こうしょう》はなかなか進まなかったみたいよ。

学さん　：そんななかで，外務大臣《がいむだいじん》の（　A　）は，そのころもっとも力の強かったイギリスを相手に交渉を続けて，1894 年には領事裁判権をなくすことに成功したのだからすごいよね。

園子さん：工業発展のようすを示したグラフを見ても，1894 年ごろから日本の工業は大きく発展しているわ。領事裁判権をなくすことができたから，日本は，欧米諸国から認められたのね。

学さん　：でも，関税自主権を回復させて日本が不平等条約を改正できたのは 1911 年のことで，（　B　）が外務大臣のときだよ。貿易のようすを示したグラフを見ても，1910 年ころには，すでに日本は輸出額《ゆしゅつがく》も輸入額《ゆにゅうがく》も大きく伸ばしているよ。1894 年ころから日本の産業が大きく発展したのは，不平等条約を改正したことだけじゃなくて，欧米諸国から認められる，何か，ほかの理由もあったのじゃないかなあ…。

園子さん：1894 年は，(い) 日清戦争《にっしんせんそう》がはじまった年だわ。この戦争に勝った日本は中国からの賠償金《ばいしょうきん》を使って (う) 北九州《きたきゅうしゅう》に大きな製鉄所をつくっているし，この製鉄所が日本の重工業発展の基礎《きそ》をつくったと教科書に書いてあるわ。

学さん　：その後の日露戦争にも日本は勝ったけど，(え) 資料を見ると，国民たちは生活にとても苦しみながら戦争に協力したみたいだね。なかには，はっきりと (お) 戦争に反対する気もちを発表した人もいるよ。でも，日露戦争のころにも，産業は大きく発展しているんだよなあ…。

園子さん：戦争は絶対にいやだけど，産業の発展には，戦争が大きく関係しているのかもしれないわね。

（1）　下線部（あ）について，関税自主権をもっていないことが，日本にとって不利になる理由として，もっともあてはまるものを，次の**ア**～**エ**から選び，記号で答えなさい。

ア　外国の安い品物がたくさん日本に入ってきて，日本製の品物が売れなくなるから。
イ　日本人が憧《あこが》れる外国製の高い品物ばかりが売れ，日本の品物が売れなくなるから。
ウ　日本での，外国人の勝手《かって》な行動が許されてしまうから。
エ　日本は，決められた国以外と自主的に貿易をすることができなくなるから。

(2) (**A**), (**B**) にあてはまる人物を，それぞれ**ア**～**カ**から選び，記号で答えなさい。

ア 大隈重信《おおくましげのぶ**》 **イ** 小村寿太郎《こむらじゅたろう》 **ウ** 板垣退助《いたがきたいすけ》
エ 伊藤博文《いとうひろぶみ》 **オ** 東郷平八郎《とうごうへいはちろう》 **カ** 陸奥宗光《むつむねみつ》

(3) 下線部 (**い**) について，右の絵は，日清戦争直前のようすをえがいたものです。ロシアは日本と中国に「魚」を釣《つ》らせて，最後にそれを横取りしようとしています。「魚」としてえがかれている場所はどこですか。次の**ア**～**エ**から1つ選び，記号で答えなさい。

ア 台湾《たいわん》 **イ** 樺太《からふと》
ウ 朝鮮《ちょうせん》 **エ** 満州《まんしゅう》

(4) 下線部 (**う**) について，この製鉄所の名前を答えなさい。

(5) 下線部 (**え**) について，次のⅠの絵は，当時の国民のようすをえがいたものです。国民たちが苦しんだ理由を，Ⅱのグラフをふまえて説明しなさい。

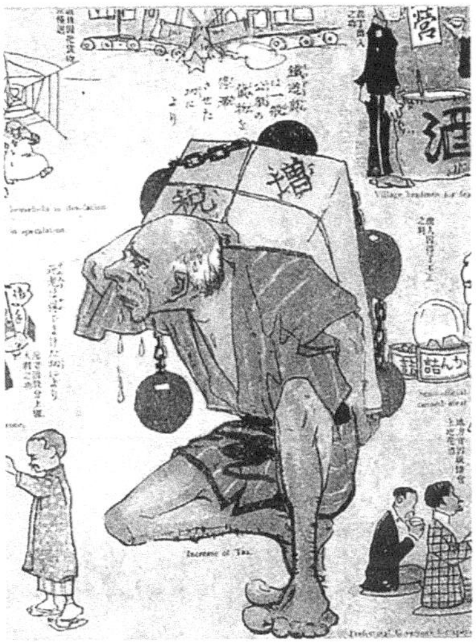

Ⅰ

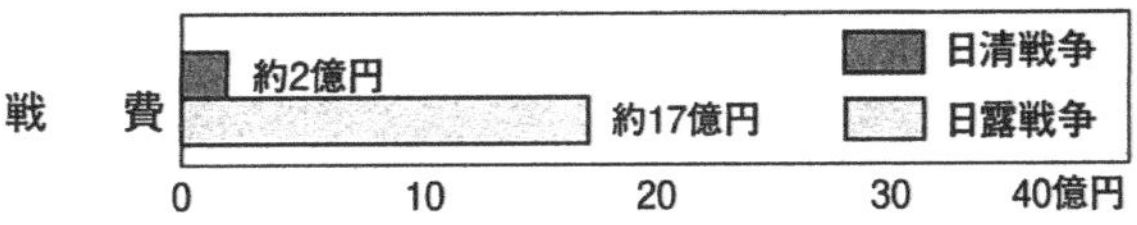

Ⅱ

(6) 下線部 (**お**) について，右の資料は日露戦争の戦場にいる弟を思ってよまれた詩です。この作者を，次の**ア**～**エ**から1つ選び，記号で答えなさい。

ア 夏目漱石《なつめそうせき》 **イ** 与謝野晶子《よさのあきこ》
ウ 田中正造《たなかしょうぞう》 **エ** 平塚《ひらつか》らいてう《ちょう》

君死にたまふ《(う)》ことなかれ

あゝ《(あ)》を《(お)》とうとよ，
君を泣く，
君死にたまふ《(う)》ことなかれ，
末に生れし君なれば
親のなさけはまさりしも，
親は刃《やいば》をにぎらせて
人を殺せとを《(お)》しへ《(え)》しや，
人を殺して死ねよとて
二十四までをそだてしや。

5　次の文章を読んで，下の問いに答えなさい。

日本の政治のしくみは，主に，国の政治と地方の政治に分けて説明することができます。国の政治は，国会《こっかい》で（あ）国民の生活にかかわる法律や政治を進めるための予算などを多数決《たすうけつ》で決めます。そして，議決《ぎけつ》された法律に基づいて政治を行うのが（い）内閣《ないかく》です。内閣のしくみの中には，東日本大震災《ひがしにほんだいしんさい》の発生後の2012年に新しく設置《せっち》された（　A　）もあります。

現在，国の政治において，大日本帝国憲法《だいにっぽんていこくけんぽう》で主権者《しゅけんしゃ》であった天皇は，日本国憲法《にほんこくけんぽう》では，日本の国や国民の象徴《しょうちょう》であり，政治については権限《けんげん》をもたないとされています。天皇は，（う）憲法に定められている仕事のみを行います。

地方の政治は，各都道府県及び市町村で実施《じっし》され，（え）市長や市議会議員は，選挙によって選ばれ，市の政治を任《まか》された市民の代表です。市議会は，市の法律にあたる（　B　）の制定や改正を行うなどして，（お）独自《どくじ》のまちづくりを進めています。

（1）（　A　），（　B　）にあてはまる語句をそれぞれ答えなさい。

（2）下線部（あ）について，国民の祝日《しゅくじつ》も国会で決められた法律に基づいています。次の説明にあてはまる，国民の祝日として定められている日付《ひづけ》を，下の**ア**～**オ**から１つ選び，記号で答えなさい。

日本国憲法の施行《しこう》を記念し，国の成長を願う。

ア　2月23日　　**イ**　4月29日　　**ウ**　5月3日　　**エ**　11月3日　　**オ**　11月23日

（3）下線部（い）について，内閣の働きについて述べた文として正しいものを，次の**ア**～**カ**から２つ選び，記号で答えなさい。

ア　外国と結んだ条約を承認する。　　**イ**　最高裁判所《さいこうさいばんしょ》の長官《ちょうかん》を指名する。
ウ　弾劾裁判所《だんがいさいばんしょ》を設置する。　　**エ**　憲法改正を発議《はつぎ》する。
オ　参議院《さんぎいん》の解散を決める。　　**カ**　衆議院《しゅうぎいん》の解散を決める。

（4）下線部（う）について，各問いに答えなさい。

①　この憲法上の仕事を，何といいますか。答えなさい。
②　天皇が，①をおこなうためには，何が必要ですか。次にあげる語句の中から３つを使って，説明しなさい。

【　国務《こくむ》大臣　承認《しょうにん》　国会　任命《にんめい》　内閣　助言《じょげん》　】

（5）下線部（え）について，市長や市議会議員に立候補《りっこうほ》することができる年齢《ねんれい》は満何歳《まんなんさい》以上ですか。答えなさい。

（6）下線部（お）について，地方自治体《ちほうじちたい》が設置する公園の多機能《たきのう》トイレなどでは，「すべての人にとって使いやすい形や機能を考えたデザイン」を採用しているところがみられます。このようなデザインを何といいますか。答えなさい。

2021(R3) 野田学園中
教英出版